図解&事例で学ぶ

入社1年目の教科書

保野成敏 監修
カデナクリエイト 著

マイナビ

プロローグ

▼社会人1年目として知っておくべきことがある

「早く一人前として認められたい！」
「社会人として、押さえておくべきことって何だろう」
「会社で恥をかかないように大人のマナーやルールを知っておきたい」

こうした理由でこの本を手に取ってくださった人が多いと思います。

本書は、まさにそんな社会人1年目のあなたの悩みを少しでも解決し、また社会人としての長い道のりを後悔なく過ごすための教科書として執筆しました。

「後悔なく過ごすため……」とはどういう意味でしょうか？

それは、社会人の最初の時期をどう過ごし、身につけておくべき所作やスキルをしっかりと血肉にしておくことは、今後の成長を大きく左右するということです。

例えば、野球やサッカーといったスポーツでも、基本の動作を最初に覚えないままおかしなクセをつけてしまうと、のちのち大きな壁にぶつかることが多いものです。

そのときになって「フォームを変えよう」「キックのしかたを変えよう」と思っても、体に染みこんだクセを変えるのはとても難しいものがあります。

もちろん、オリジナルのフォームや自分なりのスタイルがあってもいいのですが、それも基礎や基本、原理原則を知っているからこそ生み出されるものです。

ピカソなどの前衛的な作品を多く残した芸術家だって、実は目の前のものをありのまま描くデッサンの腕がすばらしく高かったのです。

それは社会人も同じです。

あいさつ、言葉遣い、上下関係、仕事への取り組み方、報告、連絡、相談の仕方まで。会社の仕事には、あらゆる場面で基本的なルールがあり、誰しもそれを踏まえて、それぞれの業務をこなしています。

早いうちにその基礎、基本、原理原則を知ること。いわば「ふつう」を知り、ある程度身につけておくことは、自分の仕事のスタイルを形作っていく上で、通っておくべき通過儀礼とも言えるのです。

▼かつての会社は一生添い遂げる存在だった

とはいえ……。

それでも「なぜそんなことをしなくてはいけないのか？」という面倒なマナーやコミュニケーションが多いことや、また「ムダじゃないのか」と思えるような社内のルールや仕事の進め方に、すでに戸惑い、憤っている人もいるかもしれません。

そういう方は、まずこれを理解してください。


すべての人がそうではありませんが、会社の上層部には、就職を「結婚」だと考えていた世代が多く存在するということです。かつては、一度、会社に籍を入れたなら、基本的にはその会社と添い遂げる覚悟だったのです。

なぜなら、かつての多くの会社は、定年退職まで同じ会社で働き続ける「終身雇用」が前提だったからです。

そこまでお世話になるとなれば、会社のためにすべてを捧げるような働き方にも納得がいきます。結婚で言うならば、より相手のことを深く知るのが当然になるし、わずらわしい親戚付き合いもやらなくてはいけない義務だと言えますよね。あれと同じです。

▼会社との関係が「結婚」から「恋愛」になった時代に

ところが、今や会社と会社員の関係は、結婚というには違和感があるようになっています。いまは絶好調な会社や超大手企業が、数年後には合併や倒産の対象になるかもしれない時代です。リストラも転職も当たり前のことになり、終身雇用の前提も崩れています。「一生、この会社《あいて》と添い遂げる」などという可能性はかつてよりうんと減っているのです。

言うなれば、就職は、結婚ではなく「恋愛」に近い状態です。

そんな関係性の中で、やみくもに滅私奉公するような働き方はしたくない、不合理な仕事を押し付けられたくないと新社会人が感じるのは、当たり前というわけです。

だから会社や上司の言うことには従わなくていい、というのではありません。

あなたの世代と、上司たちの世代で「当たり前」の意識が違うからこそ、それを前提に、すり合わせをしてミスマッチを解消する必要がある、ということです。

上司が求めるコミュニケーションの形を、まずは覚えて実践しましょう。

取引先と円滑に仕事を進めていくために、相手のニーズをきちんと探りましょう。

相手が求めるものを提供するのは、すべてのビジネスの基本です。

社会人1年目のときから、その習慣を、社内外でしっかりとつちかったほうが、明らかに良い成果が出ます。成果を出せば、会社から評価され、社内で出世する可能性は高まり、「恋愛」は「結婚」になるかもしれません。あるいは、そんな相手の気持ちを考えられる人間こそが、この先の転職や独立といった道も、切り開きやすくなるのは当然です。

私たちが伝えたいのは、そんなたくましく、したたかに、会社を、社会を、生きていくための術なのです。

そこで本書では、ベストセラーシリーズの『プロフェッショナルサラリーマン』などで知られるビジネス書作家であり、事業経営者でもある俣野成敏氏に監修をお願いし、社会人1年目の方に、ぜひ身につけてほしい実践的な考え方や行動を網羅しました。仕事への考え方、会社との向き合い方、さらにビジネスマナーやスキルに至るまで、その原理原則とともに、ちょっとした裏ワザめいたものまでもご紹介しています。

本書が1年目のあなたのバイブルになると同時に、これからの社会人人生を支える原典のようなものになれば、幸いです。

目次

2-04 仕事に優先順位をつけよう……52
緊急度と重要度で、すぐやる仕事とやらない仕事を仕分けする

2-05 より正確なスケジュールを組もう……54
アポだけでなく自分一人の作業も予定に入れる

2-06 TODOリストで仕事を管理しよう……56
自分がするべき仕事を一覧できるようにする

2-07 相手の時間も大切にしよう……58
ちょっとした時間の遅れで上司の予定は大幅にずれる

2-08 PDCAサイクルを知ろう……60
4つのサイクルを回すことで、改善につぐ改善が起きる

2-09 上司から教わった方法は完コピしよう……62
焦って基本をおろそかにすると成長できない

2-10 決算書の基本的な読み方を覚えておこう……64
これだけは知っておきたい会社の数字

2-11 相手の話をメモする習慣をつけよう……68
「5W3H」を意識してメモを取れば聞きもらしが減る

2-12 机の整理は頭の整理につながる……70
できるだけものを減らせば簡単に整理できる

2-13 PCの整理で仕事の速さは決まる……72
ファイル名をわかりやすくすることで見つかりやすくなる

2-14 ロジカルシンキングを手に入れよう……74
結論を話すときには、必ず事実に基づいた根拠を示す

2-15 「仮説思考」を鍛えよう……76
仮説を立てて検証し短時間で結論を導き出す
コラム 「カタカナ言葉」にご用心……78

第3章 「相手の気持ち」を見据えるコミュニケーション……79

3-01 上司と部下が相思相愛になるには……80
上司の長所や尊敬できる点を見つけて好きになろう
3-02 敬語を使えばそれでOK？……82
表面的だと見透かされる。相手に敬意を持つことが第一
3-03 人の呼び方はTPOで変わる？……86
社長も呼び捨てにしたほうがよいときがある
3-04 あいさつはすべての始まり……88
やってしまいがちなNGのあいさつ
3-05 必須スキルは「話す」より「聞く」……90
人は自分の話を聞いてくれる人に好感を抱く
3-06 「質問力」を武器にしよう……92
早く成長したいなら上司や先輩にどんどん質問しよう
3-07 なぜあの人は叱られても平気なのか……94
「このように改善します」と示せばOK

第4章 モチベーションを管理しよう ……117

第6章 押さえておくべきビジネスマナー……171

第1章

「会社とは」「仕事とは」ビジネスの本質をまずはつかもう

1-01

学生と社会人の違いを理解しよう

手にしたチケットは自分の力で変えられる

▼成果をあげたら上のステージへ行ける

希望の会社に入った意欲満々の社会人1年生も、最初はこんな戸惑いを感じる人が多いと思います。「やりたい仕事と違っていた」「つまらない仕事しかやらせてもらえない」。いわば入社した会社で手渡されたチケットが「希望と違った」と感じるわけです。

しかし、そのチケットにも学生と社会人の違いがあることを覚えておきましょう。まず学生の頃は入試という一発勝負でチケットを手にしたはずです。入試では最高得点の人もギリギリの補欠入学の人も手に入れるチケットは同じ色。「○○大学」という同じ価値の一色のチケットしかもらえず、卒業までそのチケットで過ごすしかありませんでした。

会社は違います。**最初に手にするチケットは一緒でも、あなたが努力し成果を出し続ければチケットの色が変わります。上司や人事に引き上げられ、より大きなステージで活躍できるプラチナチケットが手に入る**からです。裏を返せば、チケットの色を自ら変えていく必要があるわけです。それこそが、社会人の厳しさであり楽しさとも言えるでしょう。

会社では自分次第でチケットが変わる

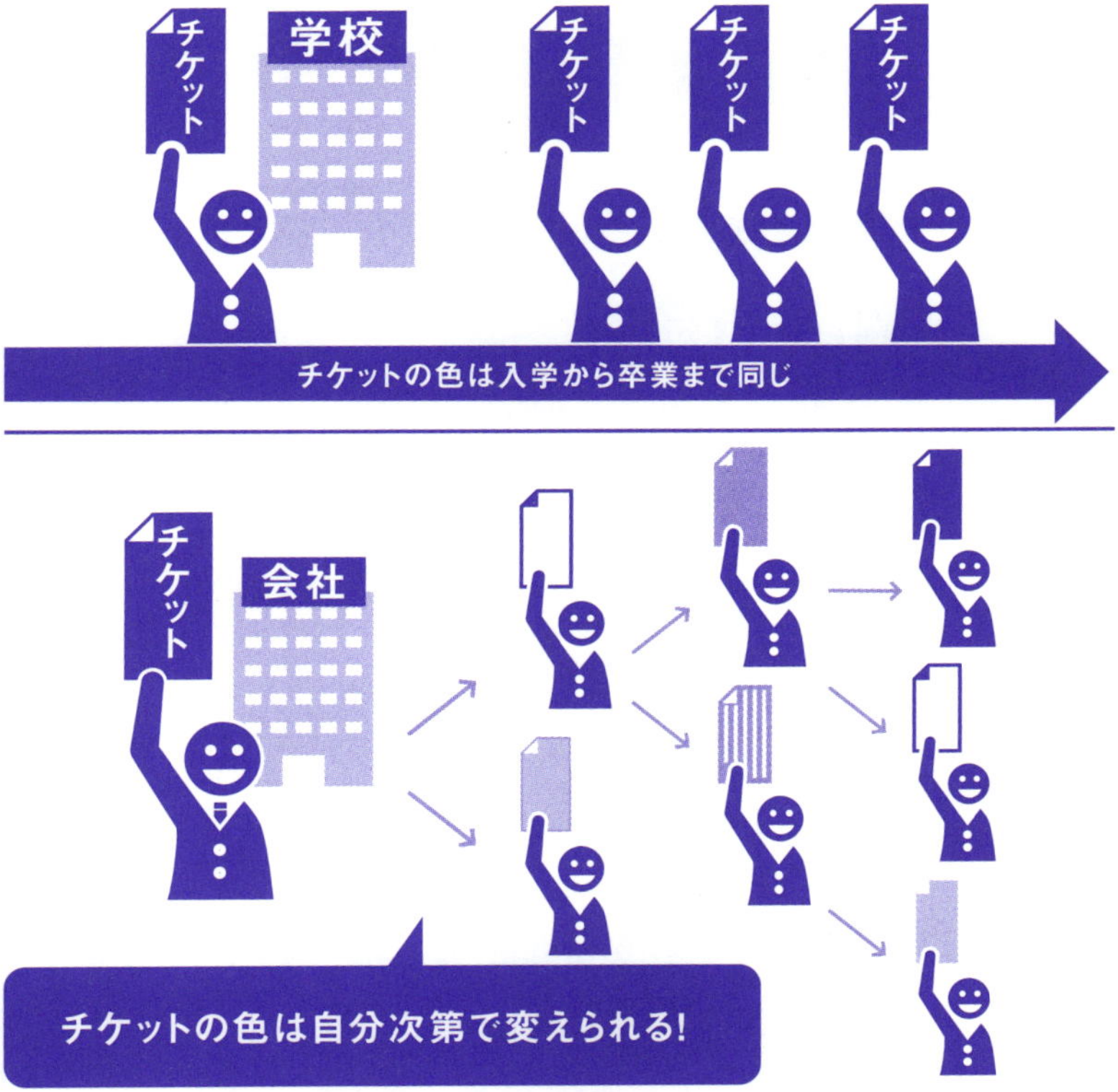

学校では入学したら「○○大生」のチケットは変わらずそのまま。しかし、会社ではチケットはどんどん変えられる。成果を出せば大きな仕事や高い職位がどんどん来るからだ

1-02

会社の存在意義を理解しよう

モノを売り社会に貢献することで会社は売上・利益を出す

「稼ぐ」ことこそ、会社の使命

会社とは何のために存在しているのでしょうか？

一言で言えば「社会に貢献する」ためです。何だかキレイごとに聞こえるかもしれませんが、会社の社会貢献とは、すなわち「稼ぐこと」なのです。

なぜか？　それは、会社はお客様が求めるニーズに即したモノやサービスを売ってお金を稼いでいるから。**会社はビジネスを通して「こんなモノがあったら助かる」「こんなサービスがあったら悩みが解決する」といった世の中の不満を解消したり、社会生活をより良くする手助けをしている**とも言い換えられます。

加えて、会社の事業が大きくなれば、そこに関わる人も増えます。営業、企画職、エンジニア……あらゆる人材が必要となり、多くの雇用が生まれます。雇用が増えることもまた社会の安定を下支えして貢献することにつながります。また会社は多くの法人税も納めます。つまり社会人1年生として会社に入ったあなたは社会を支えて貢献する、大事な役割の一端を担うことになったのです。

会社の目的は事業活動で社会貢献すること

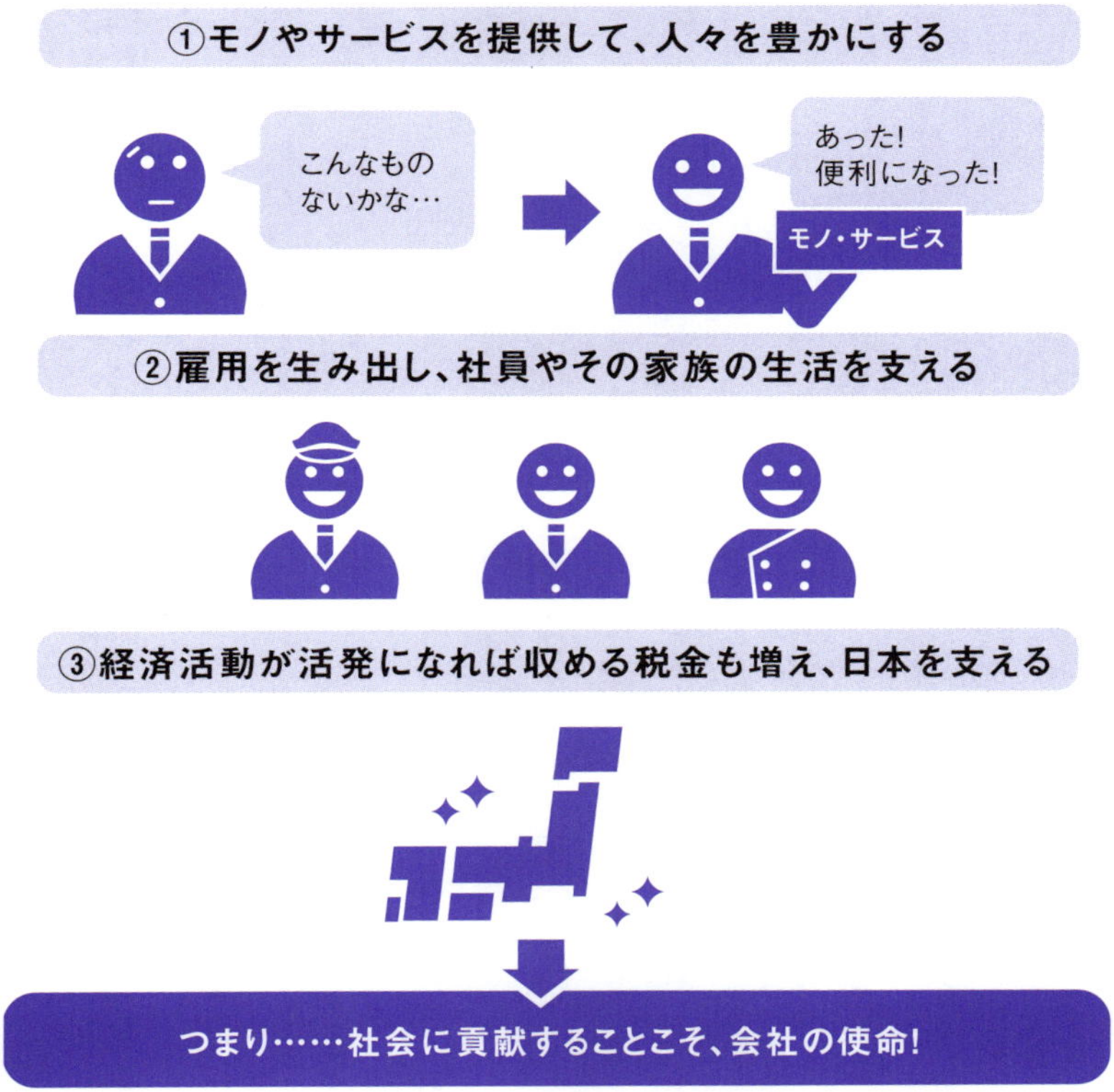

①モノやサービスを提供して、人々を豊かにする
こんなもの
ないかな…
あった!
便利になった!
モノ・サービス
②雇用を生み出し、社員やその家族の生活を支える
③経済活動が活発になれば収める税金も増え、日本を支える
つまり……社会に貢献することこそ、会社の使命!

会社の存在価値はいくつかあるが、何より「社会にメリットをもたらすこと」に尽きる。モノやサービスで人々に利便性や豊かさを与え、雇用を生み、日本経済を支えるからだ

1-03

給料はどのように生まれているか？

お客様を大切にする理由

▼給料は顧客からもらっていると知る

会社員になると、「自分は給料を会社からもらっている！」と考えがちになります。給料を振り込んでくれるのは会社で、給料の額を決めるのも会社であるためです。しかし、そもそもの給料の源泉は会社から出ているのではありません。「お客様」です。

先述した通り、**会社はモノやサービスを売ることで、お金を稼ぎます。**これが「売上高」。この売上高から、材料費などの「仕入れ値」、また「税金」や「設備投資費」などを引いて、残ったものが「利益」となります。この利益の中から、会社は「人件費」を支払います。そして、この人件費の一部が、やっとあなたの「給料」となっているのです。

社会人1年目の今から、この流れを忘れずに日々のビジネスにあたりたいものです。お客様のニーズに応えることが会社の売上、利益につながり、そこからあなたの給料が出ている——。**社会人である以上、常に「お客様のために……」という当たり前の視点を忘れずに、しっかりと仕事に取り組みたい**ところです。

給料の源泉は、「お客様」から出ている

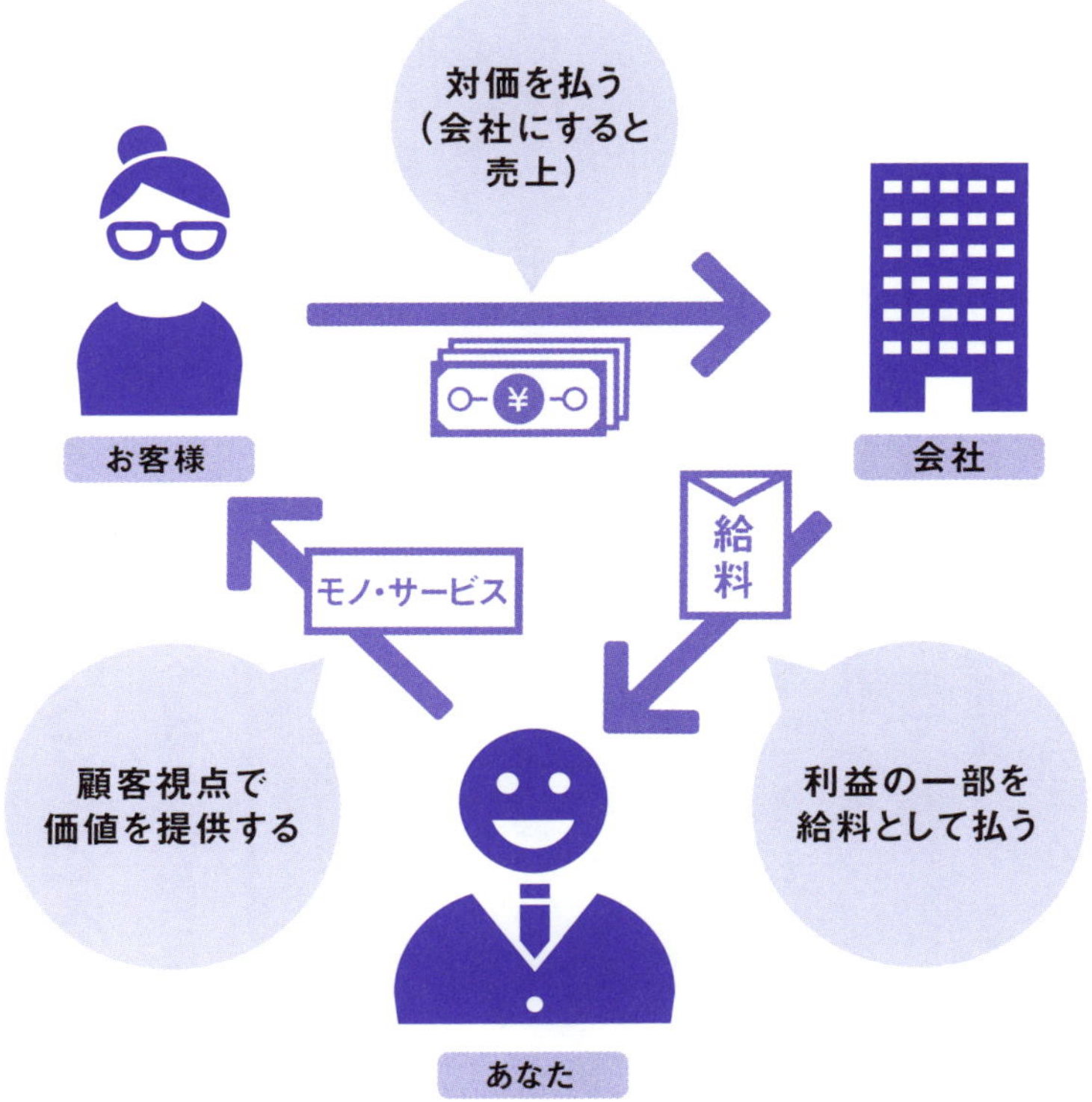

「お客様に価値あるモノやサービスを与えることで会社は売上・利益を得て、その一部があなたの給料になる」。当たり前のこの流れを意識しておくことが、プロ意識を育む

1-04

「マイナス」スタートであることを自覚しよう

会社は採用コストを回収したい

▼「イチから勉強！」「ゼロからスタート」は×

会社と給料の仕組みを理解した上で、社会人1年目のあなたに意識してほしいことがあります。それは、会社は今「ちゃんとお金を返してほしい」と熱望していること。

その理由は、**あなたを雇った段階で、会社はたくさんの採用コストをかけている**からです。例えば、社員募集のサイトをつくり、就職情報会社に広告を出し、試験や面接を重ねて、ようやくあなたは採用されたのです。「就活、大変だったなぁ」とあなたは振り返るでしょうが、会社もそれ以上に、大変な時間とお金をかけてきた、というわけです。

一方で駆け出しの社員が生み出す利益は実に少ないものです。だからなお会社は「長い目で見て採用コスト分をしっかり回収したい」と思っています。また、それができると見込んだからこそ、あなたを採用したのです。「ゼロから頑張る！」という人がいますが、違います。「**マイナスからスタート**」を自覚しましょう。会社に何かしてもらうのではなく負債を返すことから。その意識が早く一人前になろうという動機づけにもなるのです。

会社が「早くお金を返してくれ」と思っている理由

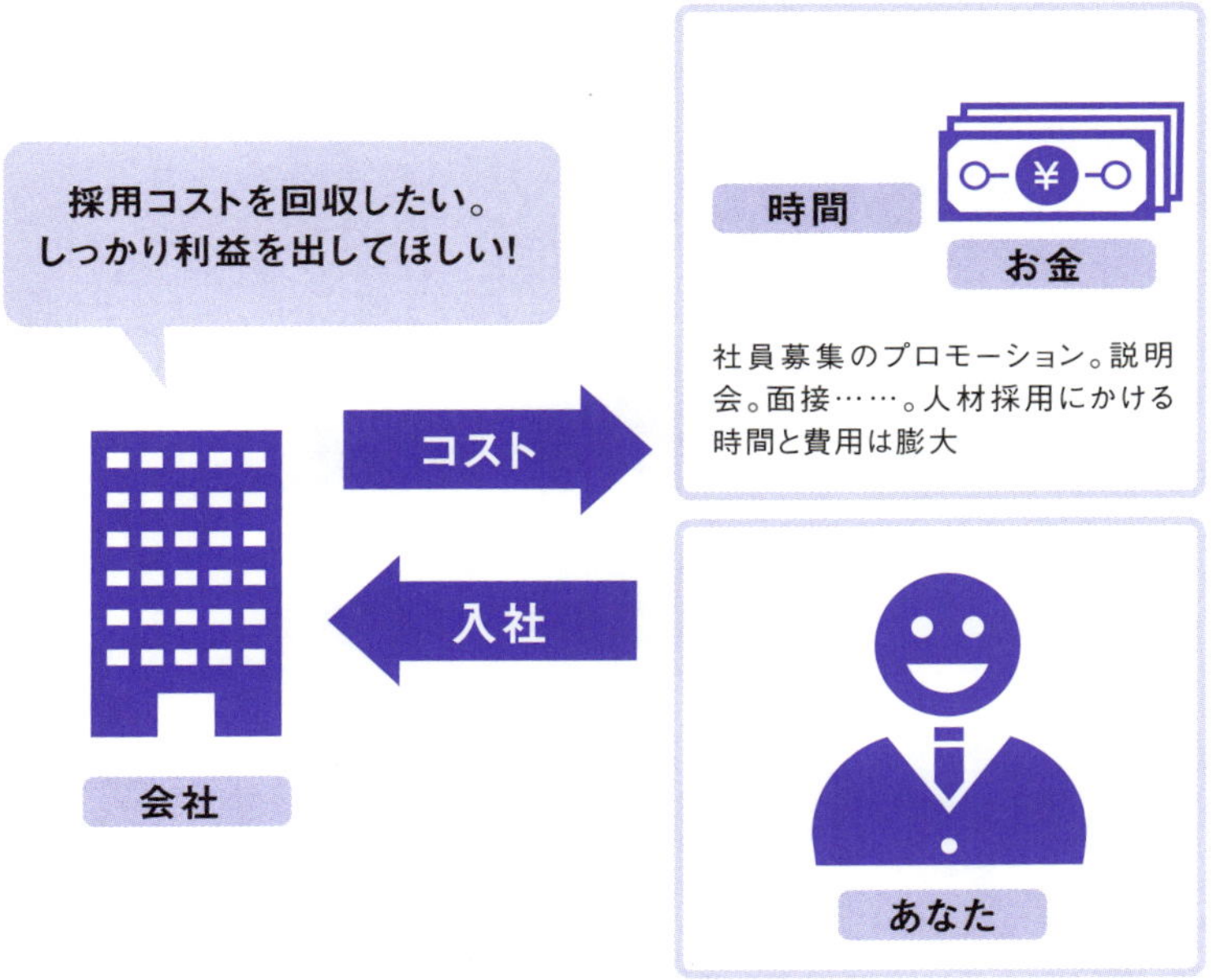

「ゼロから頑張ります!」というマインドで会社１年目を送っていたら、会社とミスマッチが起きる。会社側はあなたを「マイナスからのスタート」だと思っているからだ

マイナススタートだ」と気づけば、自ずと会社で成果を出すのが当然と気づけるはず

1-05

組織は何のためにあるのか？

一人でできる仕事の幅は知れている

▼なぜ同僚と仲良くしなければいけないのか

会社に入ると上司や先輩、同期など他人との関わりが大いに増えます。時にこうしたつながりを「わずらわしい」と感じる人も少なくないでしょう。「成果と利益をあげれば、他人との関係に気を使わなくていいのでは？」とドライに考える人もいるかもしれません。

しかし、**人が一人でできる仕事など知れている**ものです。例えばいくらずばぬけたフォワードが一人いても、たった一人ではサッカーの試合はできません。中盤でパスを出すMF、後方で守りを固めるＤＦ、的確な指示を出す監督……。違う役割と特技を持ったバラエティ豊かな人材がいて初めて、いいサッカーができるのです。会社も同じです。攻め手、守り手、イキのいい若手、経験を持ったベテラン、経営者など、多彩な仲間がいれば一人ではなしえない仕事ができます。また、チームで成果をあげるためにはチームメイトとの関係性が良好であるほうがいいわけです。ドライに言えば、**日頃から社内の人間関係に目配せしてメンテナンスしておくことこそ、成果と利益につながる**のです。

会社なら、チームで大きな成果を出せる

チームワーク

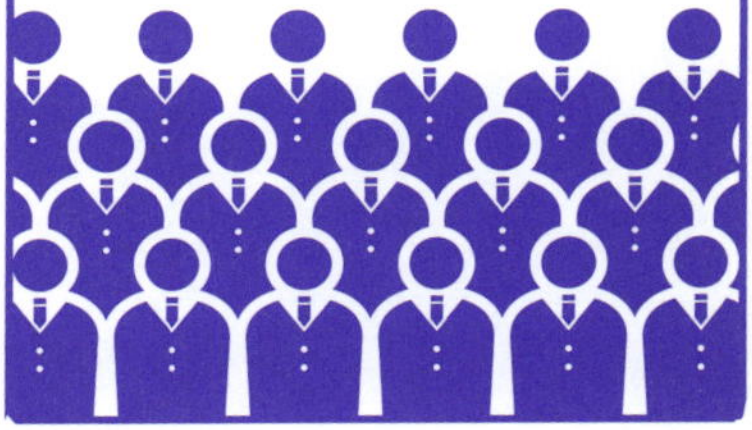

個々の力をあわせてチームで成果を出す。そのためには円滑なコミュニケーションを日々意識しておきたい。意思疎通ができていれば、仕事がしやすく、成果も出やすい

大きな成果につながりやすい!

個人主義

「一人ひとりが成果を出せばいい……」と独りよがりの仕事の進め方は、短期的には成果を出しやすいが、社内の雰囲気が悪くなり、ときに足を引っ張り合うことも……

大きな成果が出しにくい

それぞれの場所で役割を持ち、一人では出せないレベルの成果を出す。会社で働く醍醐味の一つだ。そのためにはチームワークが不可欠

1-06

部署の基本、役職の基本

チームワークを発揮するために組織には階層がある

▼ベストの力を発揮してもらうために

会社はチームワークによって成果をあげる集団です。そのために役割分担の仕組みとして用意されているのが「部署」だと考えましょう。商品の良さを伝えてセールスする「営業部」、お金の出入りを管理する「経理部」といった具合です。

部署ごとにやるべき仕事と目指す目的が違うため、分けたほうが効率的に仕事が進められ、ノウハウも溜まりやすくなります。一方で目的や意識が違うからこそ、部署間で対立したり、情報共有ができなくなるデメリットも。しかし、今いる部署のみならず「会社全体が成果を出すためには何がベストか」を念頭に仕事をすることを意識しましょう。

もう一つ、**会社の大事な役割分担の仕組みが「役職」制度です。いわゆるピラミッド型の組織が一般的**ですが、最近は課長、係長などの中間管理職をなくしたフラットな組織も増えています。いずれにしても、「どうすればベストのチームパフォーマンスを出せるか」ということに知恵を絞り、会社組織は構成されているのです。

覚えておきたい役職の順位

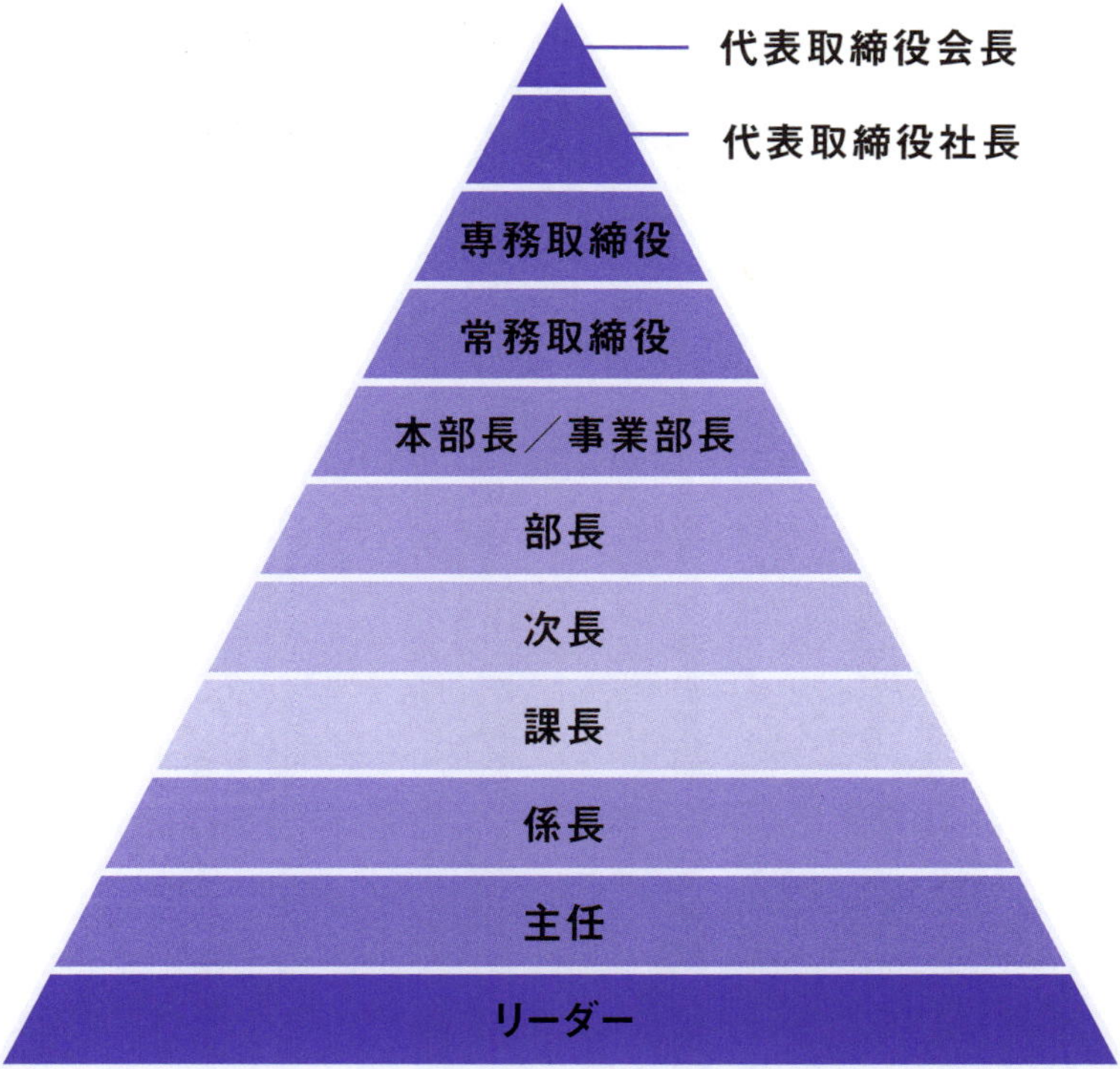
代表取締役会長
代表取締役社長
専務取締役
常務取締役
本部長／事業部長
部長
次長
課長
係長
主任
リーダー

「次長って係長の上?」「専務と常務はどっちがエライ?」…。忘れがちな役職の順位。組織によって多少違うが、基本を押さえれば、他社でのあいさつの順番なども間違わないですむ

1-07

上司のニーズをつかもう

直属の上司が何を求めているのか常に意識しておこう

▼上司の評価ポイントを知る

しっかりと成果を残して「仕事ができる」と評価されれば、役職や給料が上がり、任せられる仕事も大きくなります。いかに「周囲から高い評価を得るか」が、あなたの社会人としてのこれからを決定づけるわけです。

そこで大切になるのが、直属の上司のニーズを探り、把握することです。

なぜか？　**あなたを最も評価して、今後の昇進や異動に大きく関わるのが、直属の上司だからです。**だからこそ、この評価者から高い評価を得られることが、何より大事というわけです。上司があなたに何を求めているのか。どんな仕事をどれくらいしてほしいと思っているか。どんなコミュニケーションを好むのか……。

人の評価のポイントは千差万別。例えば事細かな報告を求める上司に、良かれと思ってシンプルにまとめた報告を伝えても、評価が上がることはありません。逆もまた然り。上司のニーズを普段から情報収集しておくことを、常に意識しておきましょう。

上司の好みを知っておこう

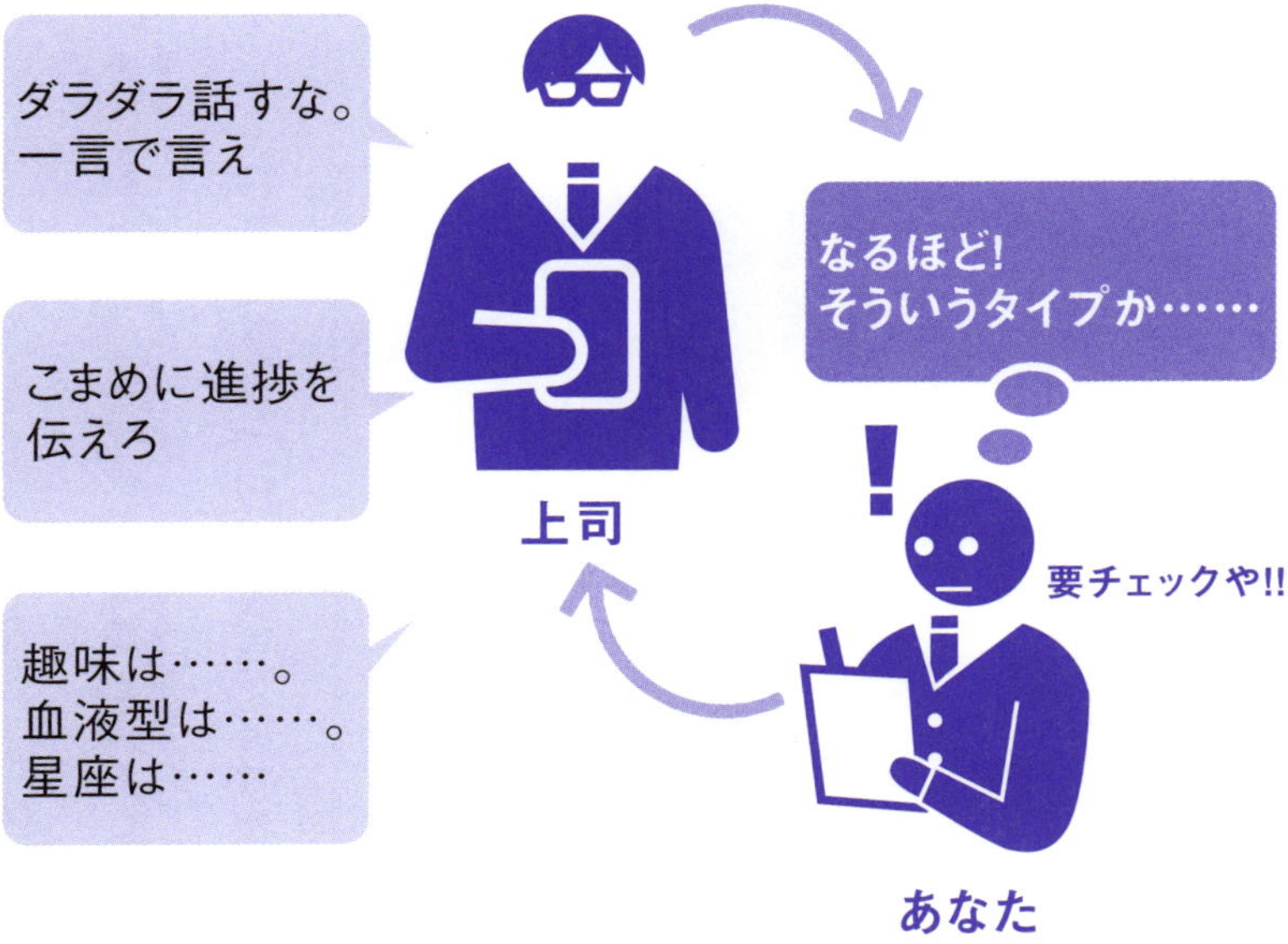

上司＝最初にあなたを評価する人

お客様からはもちろん、直属の上司から評価されることもビジネスマンにとっては最も大事なことの一つ。そのためには「ニーズ」をつかむことが大切

1-08

仕事は120点を目指そう

付加価値をつけて大きな仕事を任されるようになる

▼採点基準は人それぞれ

「仕事は100点満点を目指すべきだ」。そう考える人がいるかもしれませんが、できればこう変えてください。「仕事は120点を目指す!」と、満点を少し上回っておくのです。

理由は、上司、あるいはお客様も、あなたの仕事に「100点」を求めているから。「それなら100点でいいのでは?」と思うのは間違いです。「十分だ」とあなたが思うレベルと、上司が思うレベルは違うことが多いからです。だから少し目標値を上げるくらいがちょうどいいのです。

加点の20点分は「少しだけプラスアルファの価値を加える」のがお勧めです。「納期より1日早く仕事を終わらせる」「Aという資料づくりを頼まれたが、Aと共にAダッシュの資料も添える」といった具合です。**今の仕事のお客様、あるいは直属の上司が「どんなことを評価するか」を考えた上で付加価値を足してみましょう。**それがあなたへの評価につながり、徐々に、大きな仕事が回ってくるようになります。

仕事は20%増しでする意識を持つ

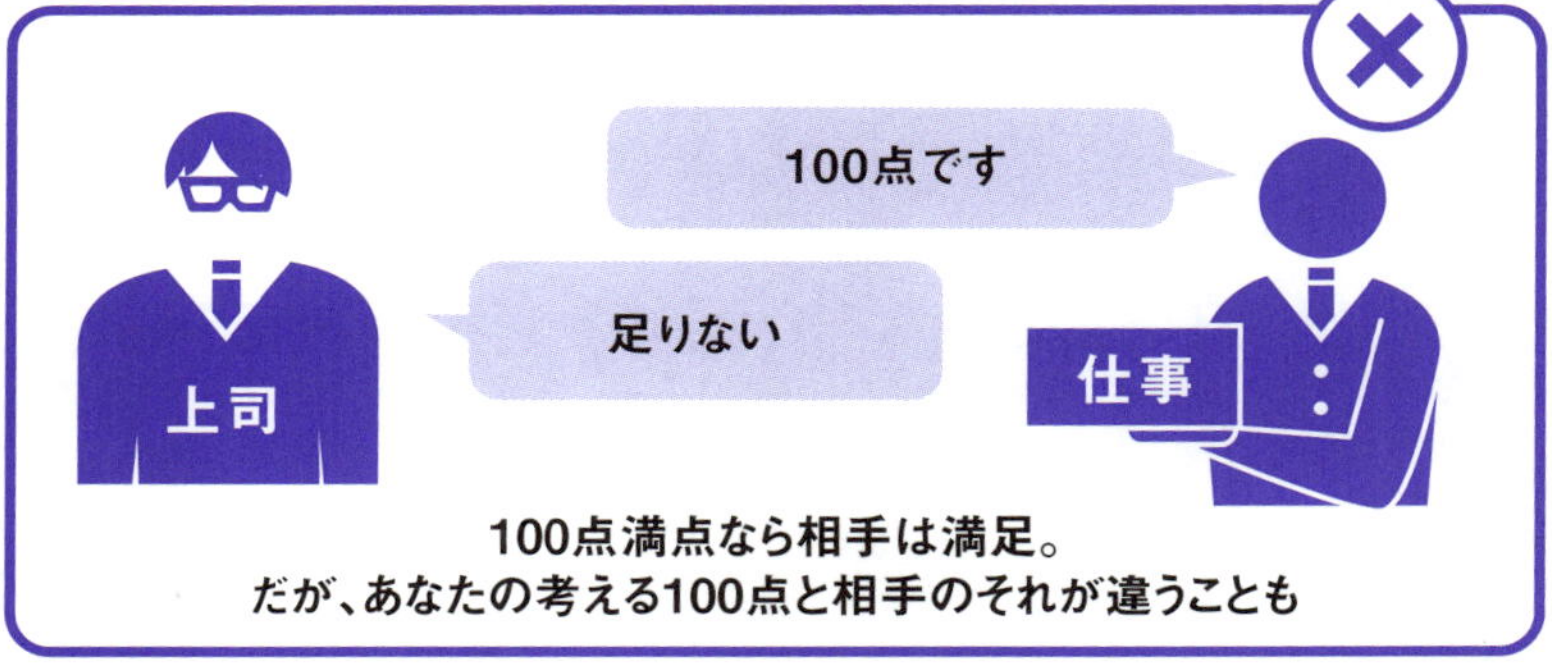
×
100点です
足りない
上司
仕事
100点満点なら相手は満足。
だが、あなたの考える100点と相手のそれが違うことも

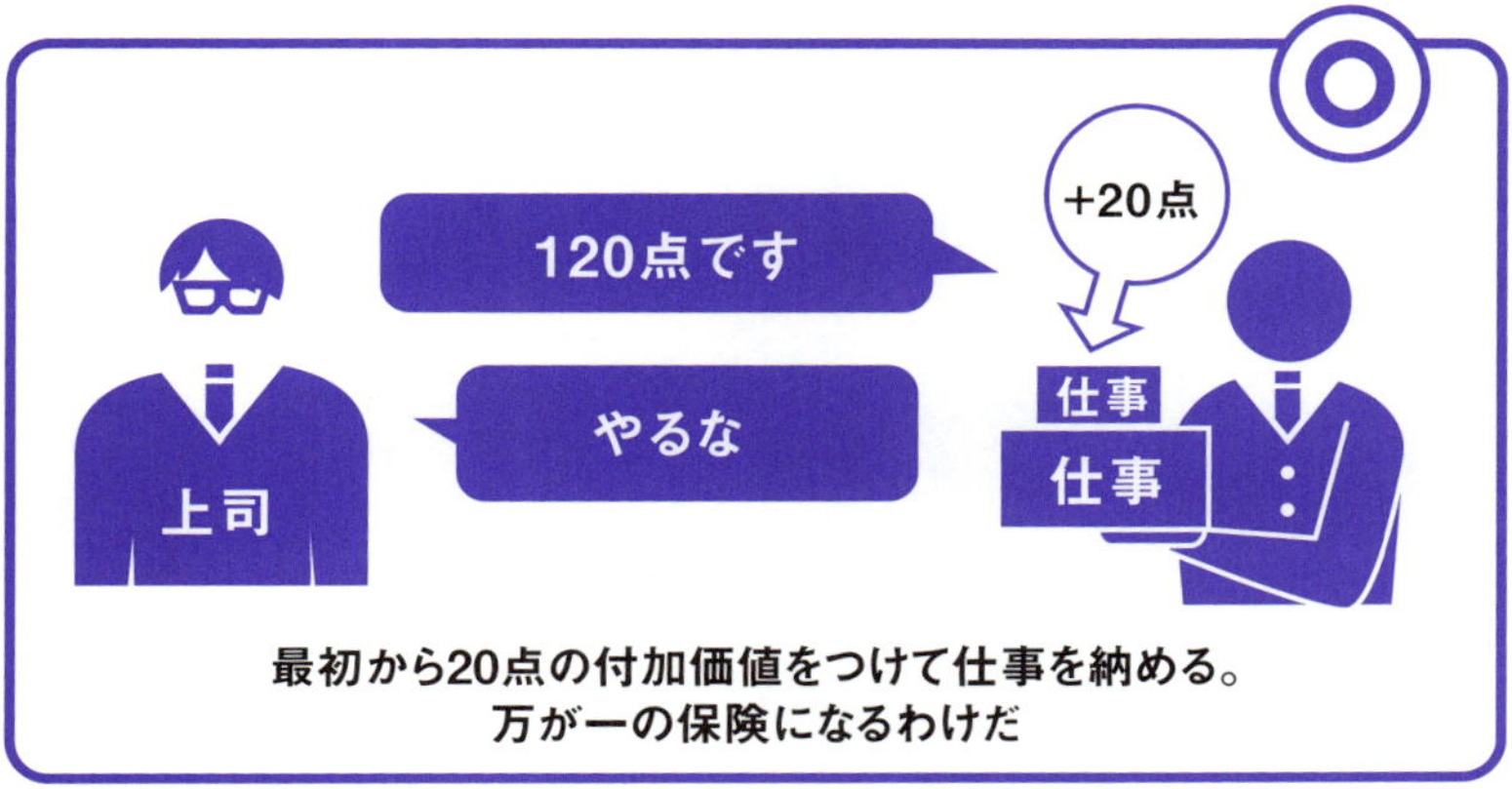
○
+20点
120点です
やるな
上司
仕事
仕事
最初から20点の付加価値をつけて仕事を納める。
万が一の保険になるわけだ

上司（あるいはお客様）があなたに求めているのは「100点満点」の仕事。もっとも、採点基準は人によって違うもの。最初から120点を取る気持ちでやってちょうどいい

1-09

後工程は「お客様」だと思おう

あなたの仕事の後の作業にまで気を配れるか

▼常に「次の人」のことを考える

工場などで使われる言葉に、「後工程はお客様」というものがあります。製造の現場は、たいてい作業工程がいくつにも分かれた分業制です。1から2へ、2から3へと、それぞれ自分の役割の組み立てや加工をした後、次の「後工程」へと渡していくわけです。

「後工程はお客様」とは、つまりバトンタッチする人のことを考え、自分のやるべき作業をしっかりこなせ、という意味です。仮に1の工程で仕事が甘かったり、ミスがあったら、2の工程の人が苦労します。フォローのためにやるべき仕事が増え、作業が滞るからです。

後工程をおもんぱかり、丁寧な仕事をすれば、業務はスムーズに流れ、その先にいる本当のお客様にも迅速に質の高い製品が届けられます。もちろん「あの人の仕事は信用できる」と後工程の人たちからの評判もよくなるでしょう。これはどんな仕事にもあてはまります。評価者である上司だけではなく「後工程の人にどう満足してもらうか」も念頭に仕事をします。その習慣は必ずあなたの評判を上げ、成果につながります。

後工程のことを考えて、信頼を積み重ねよう

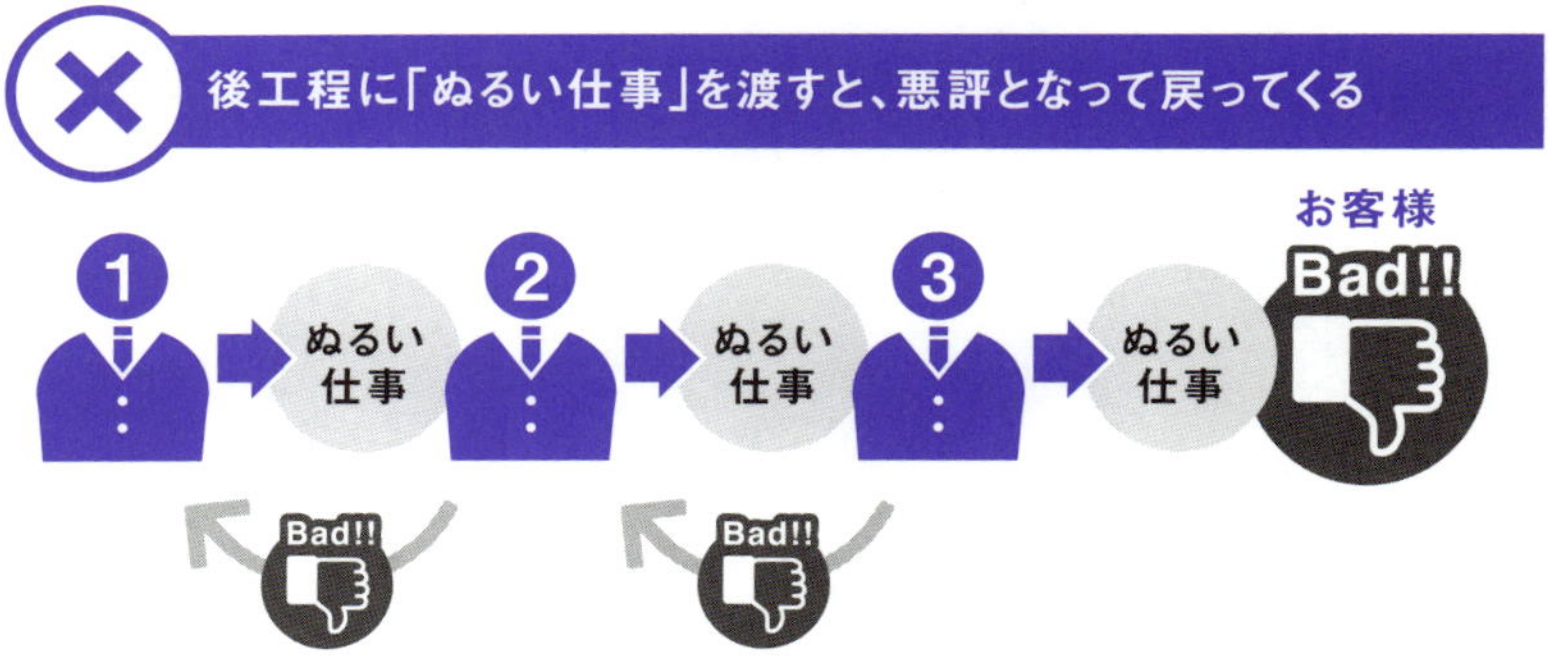
後工程に「ぬるい仕事」を渡すと、悪評となって戻ってくる
1
ぬるい仕事
2
ぬるい仕事
3
ぬるい仕事
お客様
Bad!!
Bad!!
Bad!!

後工程に「良い仕事」を渡すと、良い噂となって戻ってくる
1
いい仕事
2
いい仕事
3
いい仕事
お客様
Good!!
Good!!
Good!!

どんな仕事にも、あなたの仕事を受け取って作業する「後工程」があるもの。後工程に「抜かりのない良い仕事」を渡せば、信頼度がUP。当然、お客様からの評価にもつながる

1-10

「即戦力」という言葉のまやかし

まずは目の前の仕事を目をつぶってでもやれるようにする

▼一足飛びに戦力になれると思わない

「会社は即戦力を求めている」。こんな言葉を耳にして、「早く戦力にならねば！」と焦りを抱いている人もいるかもしれません。その心意気はすばらしいことです。しかし「戦力」と呼べるような存在には一足飛びにはなれないことも自覚しておきたいものです。

例えばサッカーの世界で「戦力」と言えば、レギュラー入り。毎試合コンスタントに試合に出る人でしょう。他のメンバーを差し置いて、重要なポジションを任せられる存在。会社に戻すと、入社1年目の社員でそんなことをできる人は稀《まれ》です。商品やサービスのこと、組織の仕組みすら見えていない人のほうが多いはずです。

新人のうちは、むしろ「**戦力になるために目の前の仕事に打ち込む**」ことです。今の仕事は雑用のような仕事が多いかもしれません。しかしそれを誰よりも完璧にこなし、目をつぶってでもできるようにするのです。そこまでできたら会社は必ずステップアップの機会をくれます。会社の「戦力」は「即」ではなく、「地道」に辿り着く場所なのです。

目の前の仕事を積み重ねて「戦力」となる

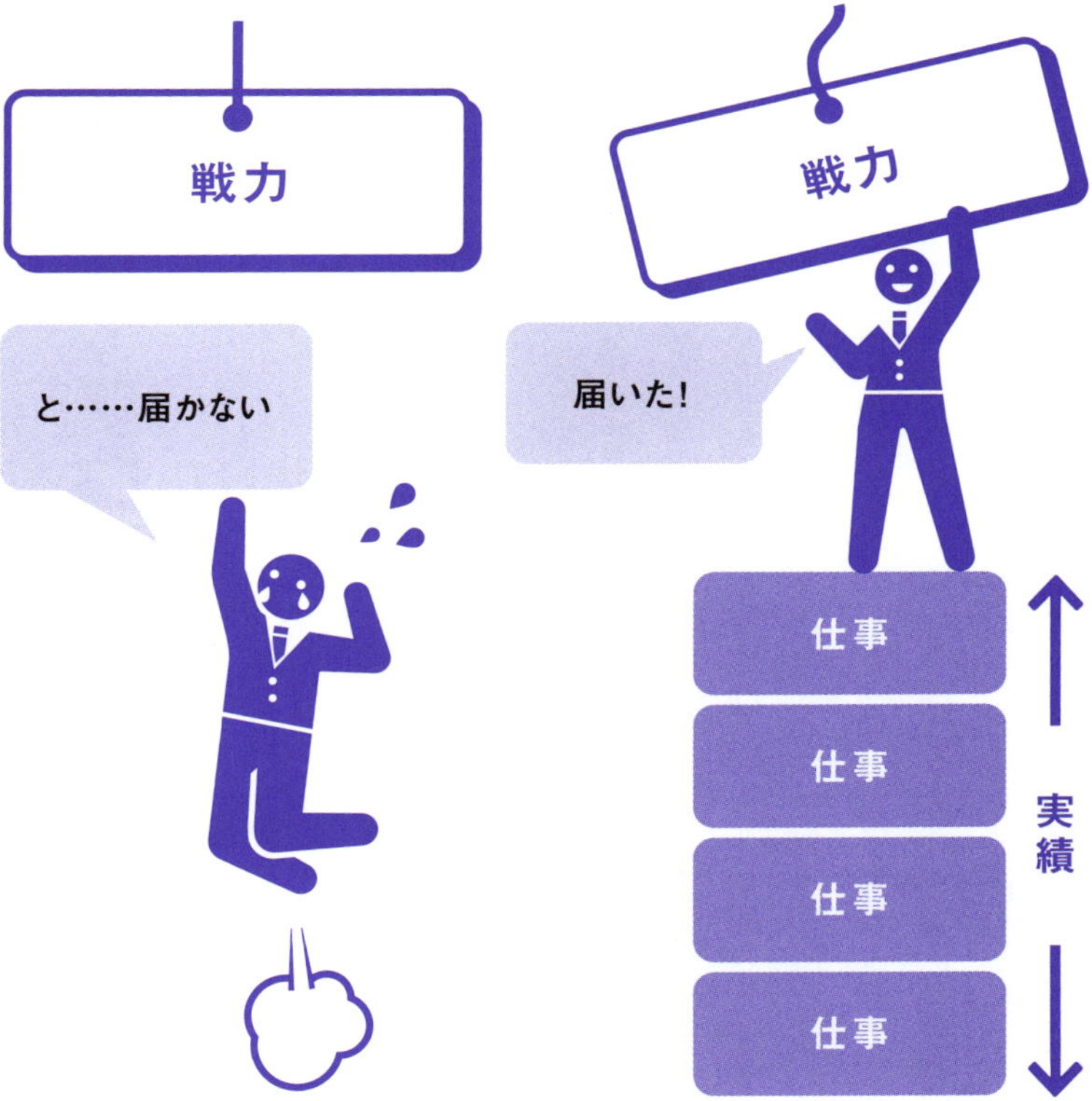
戦力
戦力
と……届かない
届いた!
仕事
仕事
仕事
仕事
実績

会社の「戦力」と呼ばれる存在になるには、周囲の信頼を得られるような仕事を重ね「実績」をつくるしかない。焦って即戦力を目指すより、目の前の仕事に打ち込むのが先!

1-11
会社員こそプロフェッショナルを目指す
どこでも生きていけるスキルと意欲を育てる

▼仕事は自分の価値を高める

戦力として利益を出す人材を目指すと同時に、社会人1年目から必ず意識しておきたいことがあります。それが「プロフェッショナルを目指す」ということです。

正社員になったからといって、**会社があなたを一生保証してくれるような時代ではない**ことはすでに述べた通りです。会社が傾き、いつリストラを始めるかわからないのが今という時代。会社や業界そのものが消える可能性すらあります。しかし、「プロ」として仕事をしてきた人は、そんなときでも生き残る可能性がうんと上がります。プロと呼べるような一芸に秀でた能力があれば、会社はあなたをリストラ対象にはしないでしょう。

または会社がなくなっても、他社が放っておきません。もちろん独立起業の道もあるでしょう。会社員としてキラリと輝ける人材になれば、業界や周囲に知られる存在になれます。それは人材として市場価値を高め、あなたの生存確率を高めることになるのです。**ただのサラリーマンではなく、プロフェッショナルサラリーマンを目指しましょう。**

自分の選択肢を広げるような社会人に!

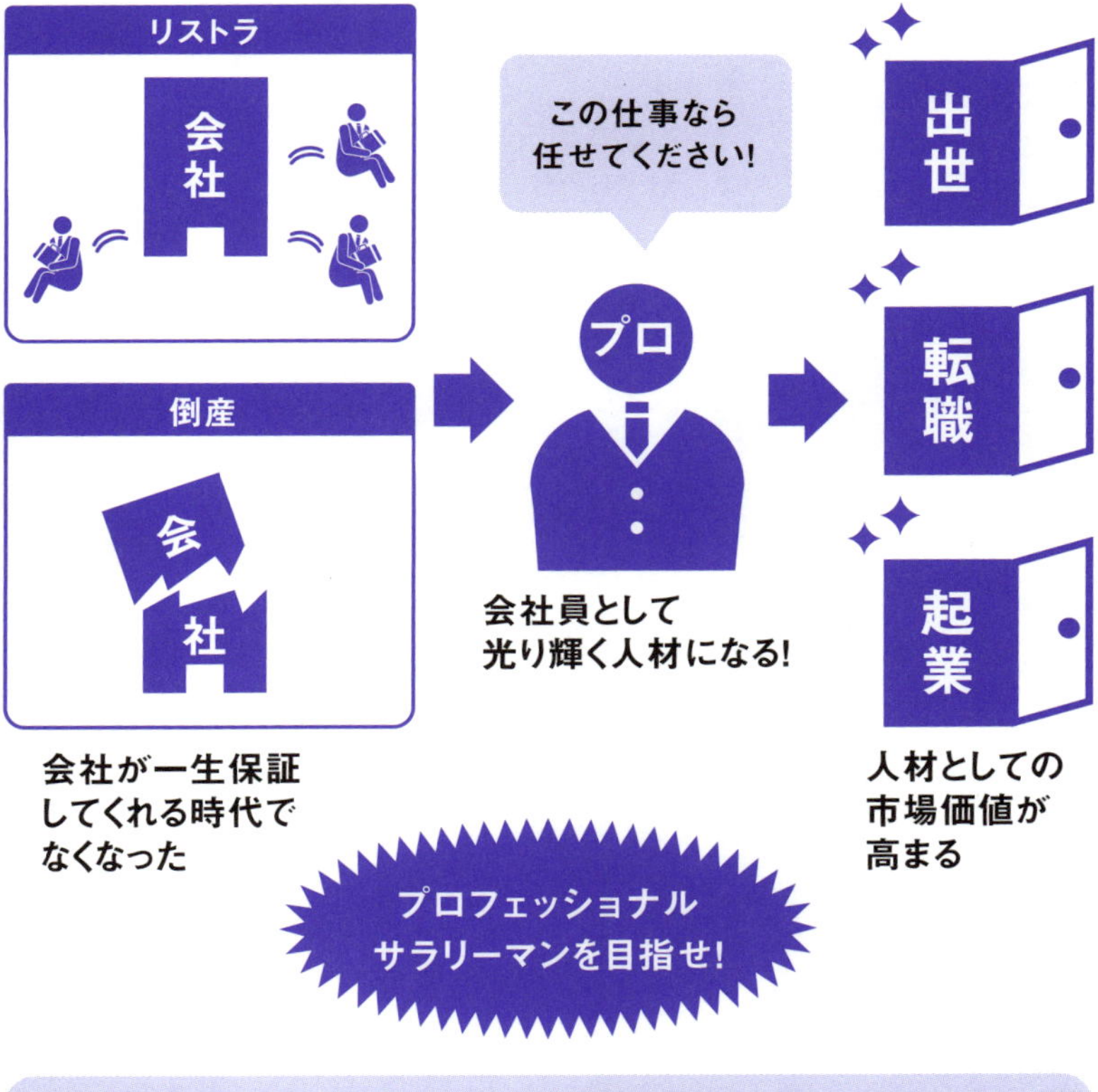

会社がいつリストラするか、会社自体がいつなくなるかもわからないような時代。会社員が目指すべきは、誰からも求められる「プロフェッショナル」な人材だ。次のドアが必ず開く!

1-12 コスト意識をいつでも胸に抱こう

誰かがあなたを支えていることを知ろう

▼あなたは「ムダ遣い」をしていないか？

プロ意識に加えて、もう一つ、社会人として常に胸に留めてもらいたいことがあります。「コスト意識」です。会社にはあなたが座るイスや机、ボールペンやコピー用紙、お茶やトイレットペーパーもあるかと思います。それらはすべて無料ではありません。会社が上げた売上の中から備品として購入したもの。誰かが稼いだお金が、あなたの使うボールペンやトイレットペーパーになっているのです。ムダ遣いすればそれだけコストがかかり、利益を圧迫します。逆に、できるだけ節約すれば、利益を増やすことになります。

当たり前のことですが、こうした**「コスト意識」を持つことはビジネスの基本**です。ちなみに、会社にとって最大のコストは人件費です。短時間に質の高い仕事をしなければ、会社の利益は減っていきます。ミスをして上司に迷惑をかけたり、先輩に相談にのってもらったりする時間もコストがかかっています。**コスト意識を持つと「ムダなく質の高い仕事をしなければ」という意識も強くなる**のです。

「ムダ遣いしていないか」の意識がビジネスセンスを磨く

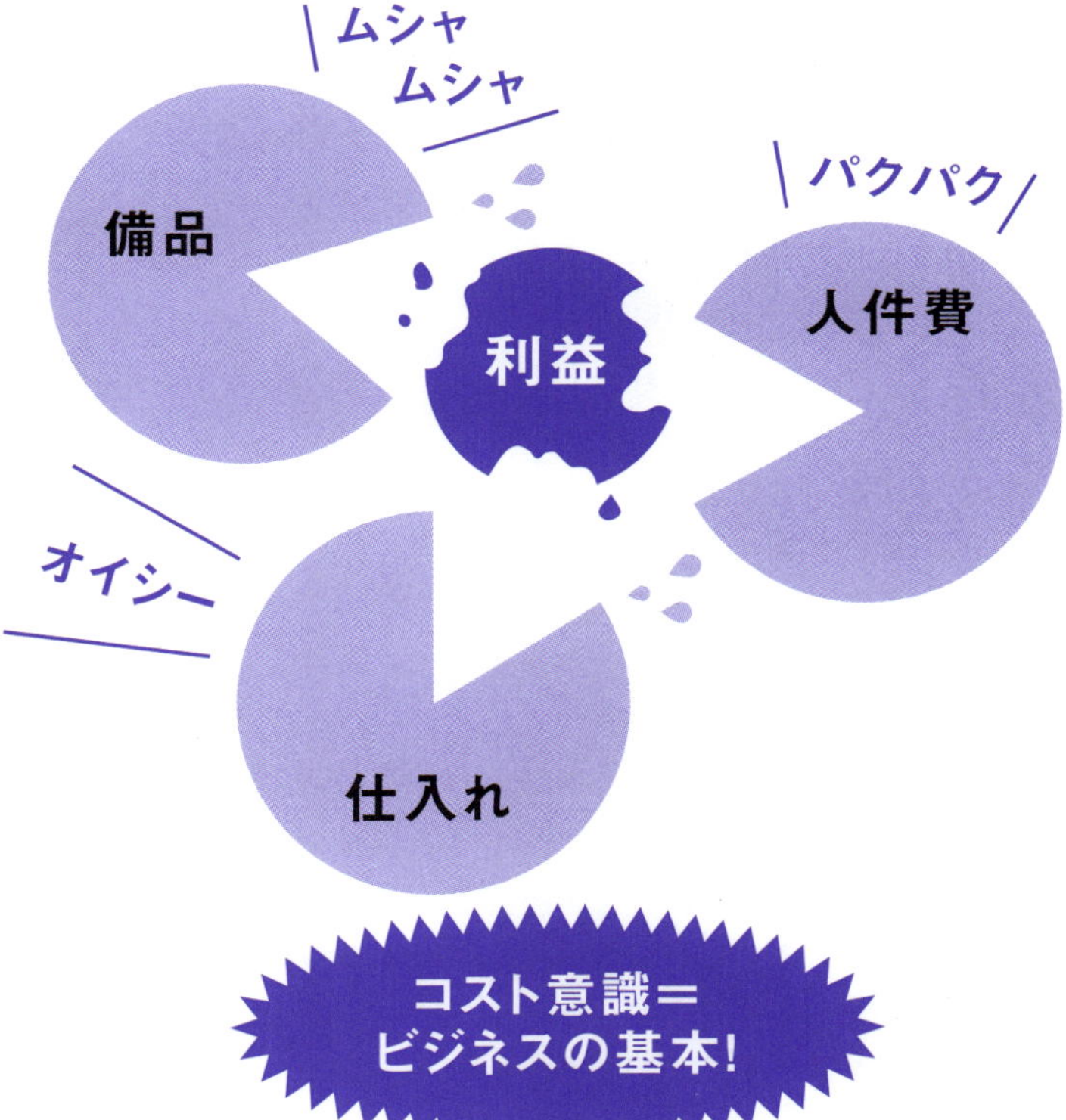

会社の文房具や、自分や同僚の時間——。これらはすべて「コスト」であり利益を圧迫するもの。レベルの高い仕事をするには、このコスト意識をいつも念頭に置いて仕事をしよう

コラム

スペシャリストコースとマネージャーコースを選ぼう

会社員には大きく分けると「スペシャリストコース」と「マネージャーコース」があります。

前者は、自分の専門性を高めて、職人のように仕事をしていくコース。後者は大勢を率いてチームのパフォーマンスを高めて結果を残していくコースです。

実は会社で明確にコース分けしているところは少ないのですが、会社で働くということは、自ずとこの２本道に分かれます。

だからこそ早くから意識したほうがいいのです。なぜなら、優秀なスペシャリストがマネージャーコースを選んだとき、壁にぶち当たることが多いからです。

理由は、デキるスペシャリストは、自分のようにできない部下にイライラしがちだから。自分が手をくだせば簡単なことなのに、それをできない人が許せないし、理解できないわけです。逆にマネージャー向きの人も、スペシャリストコースを選んだら、自らのポテンシャルをもてあますことになるでしょう。

自分はどちらに向いているか？　社会人１年生の頃からそんな視点を持つと、未来のビジョンも少しずつ明確になってくるでしょう。

第2章

1年目に押さえておきたいビジネススキル

2-01

仕事を頼まれたらやるべきこと

その仕事の目的・背景を必ず確認する

「目的はこういうことですか?」と自分の言葉に直して、聞く

新入社員のうちは、上司からの指示を受けて動くことが多いものです。しかし、言われたことを漫然とやるのではなく、こちらからも積極的に行動しましょう。

まず仕事を頼まれたときに大切なのは、仕事の目的や背景を確認することです。上司は常に目的や背景を説明してくれるとは限りません。それがわかっていないと、あとで「私の指示と全然違う!」となりがちです。やり直す時間がムダですし評価も下がります。

コツは**「目的はこういうことでよろしいですか?」と指示を自分の言葉に直して確認すること**です。そのほうが、上司の考えとのズレがわかりやすくなりますし、感じもよくなります。上司が忙しそうだと聞きにくいかもしれませんが、部下がわかったふりをして確認せずに仕事を進められたら困るのは上司です。遠慮はいりません。

提出するときは「できました」と自信満々にするより「これで大丈夫ですか? 間違えていたら直します」と謙虚にしたほうが、上司も丁寧に教えてくれるでしょう。

仕事を頼まれたときにやるべきこととは?

仕事の依頼を受けたとき、目的や背景を確認することで、間違った仕事の進め方をしなくて済む。その他、納期や求められる完成度も聞いておこう。完成度の高さよりも速さを優先してほしいかもしれないからだ

2-02

「ひと手間」かけてから提出しよう

言われたこと以外に何かできないか考える

▼雑用こそ、ひと工夫の見せどころ

新入社員の頃は、上司に頼まれた仕事をきっちりこなすだけで精一杯、となるかもしれません。しかし、仕事に慣れてきたら、自分なりのひと工夫を加えるようにしましょう。すると、より成長できますし、上司からの評価が上がります。

新入社員は、資料探しやデータ入力、コピー取りといった **〝雑用〟と言われるような仕事をよく頼まれますが、こうした仕事こそ、創意工夫の見せどころ**です。「頼まれていないけれども、参考になりそうな資料もプリントアウトしておく」「入力だけでなく、グラフも作成しておく」などをするかどうかで、上司からの評価はまったく違ってきます。

ただし、気をつけたいのは、ひと工夫を加えようとして、提出するのが遅れること。「余計なことをしないで、さっさと欲しいんだけど」と怒られるもとになります。もし手間がかかるようなことをするときには、サプライズを狙わずに、「こうしようと思うのですが、どうでしょうか？」と事前に確認を取ってから行うとよいでしょう。

簡単そうな仕事こそひと工夫をしよう!

コピーをホチキスで留める

意外と忘れがち。ホチキスは書類が横書きの場合は左上、縦書きの場合は右上を留める。留める角度を斜め45度にするとめくりやすくなる。ホチキスでなく、クリップで留めるほうがよい場合があるので、確認を

関連データもプリントアウト

頼まれた資料以外にも、参考になりそうだと思った資料があったら、プリントアウトしておく。頼まれた資料と混ぜずに、別にまとめて渡せば、その資料が見当はずれだったとしても、迷惑はかからない

好みの店をリサーチする

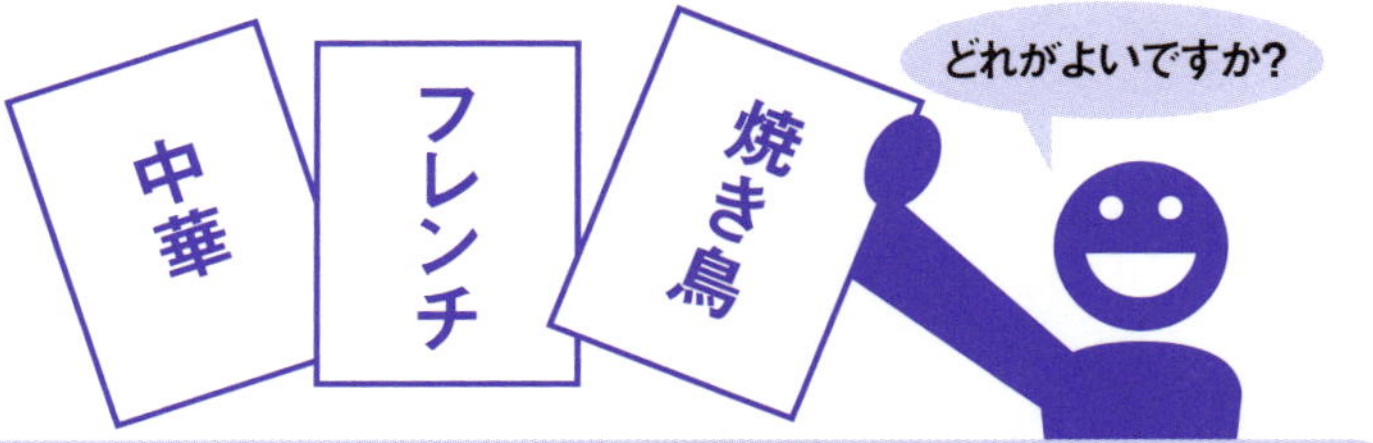

ランチミーティングの弁当の手配や、部署の打ち上げなどの幹事を頼まれたら、独断で選ばずに、どんなお店が喜ばれるのか、何人かの先輩や上司にリサーチしよう。「どんな店がよいですか?」というより、いくつか候補を出して聞いたほうが、選びやすい

2-03

ホウレンソウはビジネスの基本

こまめに行うことで間違いが防げる

▼報告するときは、結論から先に述べること

会社に入ると、「ホウレンソウ」という言葉がよく使われます。

これは、報告・連絡・相談の頭文字を取った造語です。**上司や取引先とのコミュニケーションの基本**ですから、常に意識して、実践しましょう。

「報告」で大切なのは、仕事の結果や進捗状況を、上司から聞かれる前に報告することです。それがわからないと、上司は安心できませんし、次の手も打てません。進捗がなかったとしても、1～2日に1回は報告しましょう。手短に済ませるために、経緯をダラダラ説明するのではなく、結論から先に述べるのが鉄則です。

予定の変更などの「連絡」も、すみやかにしましょう。

「相談」は遠慮しないで積極的にすべきです。迷っていたことも、上司の一言のアドバイスで、簡単に解決することは少なくありません。「こんなことを聞いてもよいんだろうか?」という**初歩的な質問も、新入社員の頃なら許される**ものです。

ホウレンソウを徹底しよう!

報告

仕事の結果や進捗状況を、
上司に伝えること。聞かれる前に、
こまめに報告することで、
上司も状況を把握することができ、
的確なアドバイスを送ることができる

連絡

スケジュール変更や
集合場所の変更などの情報を伝えること。
自分から見ると大したことがないことでも、
人によっては重要な情報だったりするので、
早めに連絡を行う

いま、お時間
よろしいでしょうか?
どうしたんだい?

相談

自信のある仕事は最後まで自力で遂行してよいが、
迷ったことがあれば、すぐに相談を。
早めに相談することで、
迷っているムダな時間が減らせるし、
事態が深刻化することを防げる

ホウレンソウは早めにこまめにすることがポイント。ただし、上司の都合を考えずにすると迷惑になることもあるので、「いま、3分ほど、お時間いただいてもよろしいでしょうか?」などと断りを入れてから話そう。所要時間を伝え、あまり時間がかからないことを言ったほうが、聞いてもらいやすい

2-04

仕事に優先順位をつけよう

緊急度と重要度で、すぐやる仕事とやらない仕事を仕分けする

▼重要度の低い仕事は時間をかけずに終わらせる

会社の仕事は、次から次へと折り重なるように増えていきます。そのとき、**どれを優先すればよいのか考えずに仕事をしていると、仕事が回らなくなります**。優先順位をつけて取り組みましょう。

自己啓発書の世界的なベストセラーである『7つの習慣』を著したスティーブン・コヴィー博士は、**重要度と緊急度で優先順位をつける**ことを勧めています（左図参照）。

何より優先しないといけないのは重要で緊急な「MUST」ですが、次は何でしょうか。緊急だけど重要ではない「DO」の仕事を優先しがちですが、重要だけど緊急ではない「THINK」の仕事を優先することが大切です。そのほうが、会社に対する貢献度は高くなりますし、自分の成長にもつながります。重要度の低い「DO」や「NG」の仕事は「いかに時間をかけずに終わらせるか」をテーマに取り組みましょう。スピードアップを図ることで、「MUST」や「THINK」の仕事に多くの時間を割くことができます。

目の前の仕事に優先順位をつけよう

重要度（高↑低）／緊急度（高←低）

第1領域	第2領域
MUST	THINK
緊急度も重要度も高い仕事	緊急度は低いけど重要度は高い仕事
第3領域	第4領域
DO	NG
緊急度は高いけど重要度は低い仕事	緊急度も重要度も低い仕事

『7つの習慣』（キングベアー出版）P367の内容を参考に作成

迷うのは、緊急だけど重要ではない「DO」の仕事と、重要だけど緊急ではない「THINK」の仕事、どちらを優先するかだが、「THINK」を優先したほうが、会社のためにも自分のためにもなる。自分で判断できなければ、上司にアドバイスをもらおう。緊急でも重要でもない「NG」の仕事を大量にこなしたからといって、満足していては×

2-05

より正確なスケジュールを組もう

アポだけでなく自分一人の作業も予定に入れる

▼少し短い作業時間を設定して、スピードアップを図る

仕事が増えれば増えるほど、いかに時間を有効活用するかが重要になっていきます。手帳やスマホを使って、スケジュール管理をしましょう。

スケジュール帳には「10：00　A社打ち合わせ」などと、アポの予定と時間だけを書く人が多いですが、資料やレポートの作成のような、一人で作業する時間も書き込むことをお勧めします。そうしないと作業時間がどれだけ取れるのかが把握できないからです。

さらに作業予定時間を書いたら、実際にかかった時間を計り、予定していた時間と見比べましょう。すると、その後、より正確なスケジュールが組めるようになります。また、「パワーポイントの作成に5時間もかかっている。2時間に減らそう」などと、改善点も見えてくるでしょう。毎日計るのは大変なので、年2回、2週間ほどやれば十分です。

作業時間が把握できたら、**予定を組むときに、見積もりよりも少し短い時間を設定しましょう。それを毎日繰り返していれば、仕事がどんどん速くなる**はずです。

実際にかかった時間を計って予定と見比べよう

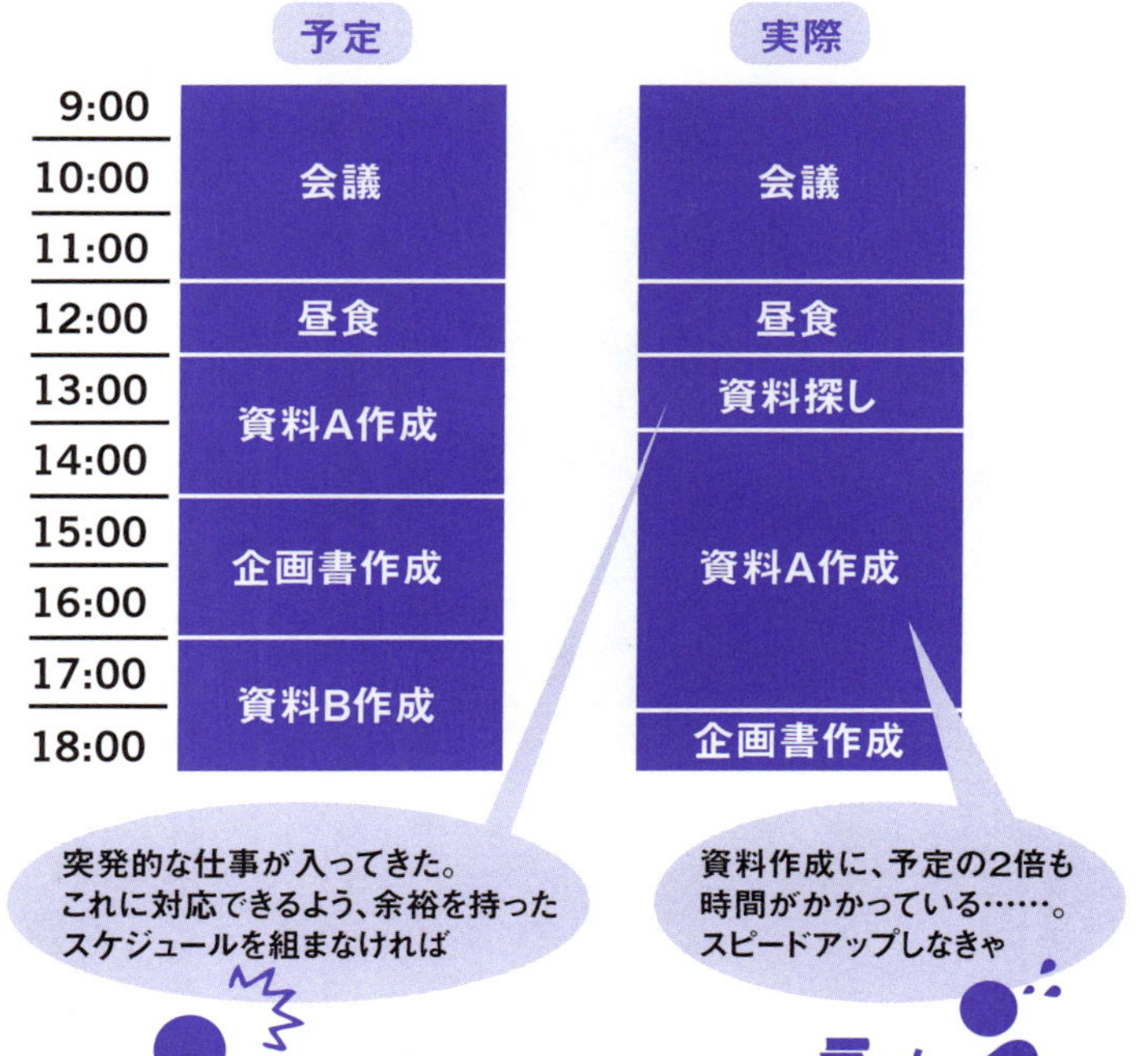
予定
実際
9:00
10:00
11:00
12:00
13:00
14:00
15:00
16:00
17:00
18:00
会議
昼食
資料A作成
企画書作成
資料B作成
会議
昼食
資料探し
資料A作成
企画書作成
突発的な仕事が入ってきた。
これに対応できるよう、余裕を持った
スケジュールを組まなければ
資料作成に、予定の2倍も
時間がかかっている……。
スピードアップしなきゃ

作業予定と実際にかかった時間を比較していれば、作業時間を正確に見積もれるようになるし、「この仕事は時間がかかりすぎている」といった改善点も見えてくる。また、「午前中は調子がよい」などと、自分の傾向が見えてくる

2-06

TODOリストで仕事を管理しよう

自分がするべき仕事を一覧できるようにする

▼スキマ時間にTODOリストを見て、細かい仕事を済ませるクセをつける

仕事の中には、何カ月もかかる長期的な仕事もあれば、電話やメールなど、スケジュール帳に書くまでもない小さな仕事もあります。こうした仕事を管理するには、スケジュール帳よりも「ＴＯＤＯリスト」（やることリスト）のほうが適しています。

手帳やスマホのアプリを利用してもよいですし、Ａ４の紙１枚にざっと箇条書きしてもよいでしょう。何らかの方法で、自分がするべき仕事をすべて一覧できるようにしておけば、やり忘れが防げます。

仕事によっては、単に箇条書きするだけでなく、長期・短期で分けたり、仕事の種類で分けたりすると、より管理しやすくなるでしょう。

小さな仕事もまとめてやると、それなりに時間がかかります。時間を有効活用したいなら、**予定と予定の間にあるスキマ時間にTODOリストを見て、小さな仕事を終わらせるクセをつけましょう**。たくさん仕事をこなす人は例外なくスキマ時間を活用しています。

TODOリストをつくろう

終わったものがわかるよう、チェック欄をつくる。赤ペンなどで項目全体を消していくのでもよい

期限を書く

- ☑2/26　A社にTEL
- ☑2/26　B社にTEL
- □2/27　社内会議の資料を作成
- □2/27　C社にサンプルを発送する
- □2/28　請求書を書く
- □3/3　★販促企画アイデアを3本出す
- □3/4　D社向けのプレゼン資料を完成させる

並べるだけだと、何が重要かわからなくなるので、「重要度別に分ける」「マークをつける」「重要な仕事は大きく書く」などの対応をするとよい

上は単純なTODOリスト。自分なりに管理しやすいアレンジをしよう。すべての仕事を書いたTODOリストをもとに、1日ごとのTODOリストをつくる人もいる。毎朝、重要度順に並び替えるのもオススメ

2-07

相手の時間も大切にしよう

ちょっとした時間の遅れで上司の予定は大幅にずれる

▼会議に10分遅れれば、10分×人数分の時間がムダになる

自分の時間を有効活用することも重要ですが、それ以上に強く意識すべきなのは、相手の時間を大切にすることです。

例えば、上司に頼まれていた資料探しが、約束の時間より1時間遅れたとしましょう。1時間ぐらい平気だと思うかもしれませんが、その資料がないことで、上司はプレゼン資料を作成できず、他の仕事を後回しにしたり、残業したりして対応しているかもしれません。あなたの遅れによって、上司の予定が大幅にずれてしまう可能性があるのです。

また、会議の場に10分遅れてきたとしたら、その場に6人の人がいればチーム全体で10分×6人＝1時間もムダにすることになります。1時間あればどれだけの仕事が進むかわかりませんから、チームにとっては大きな損失です。

時間を守れないと、あなたが思う以上に、周囲からの評価は下がります。「待ち合わせの10分前に着く」「〆切よりも1日早く終わらせる」など、余裕を持って行動しましょう。

たかが10分の遅刻と思ってはいけない

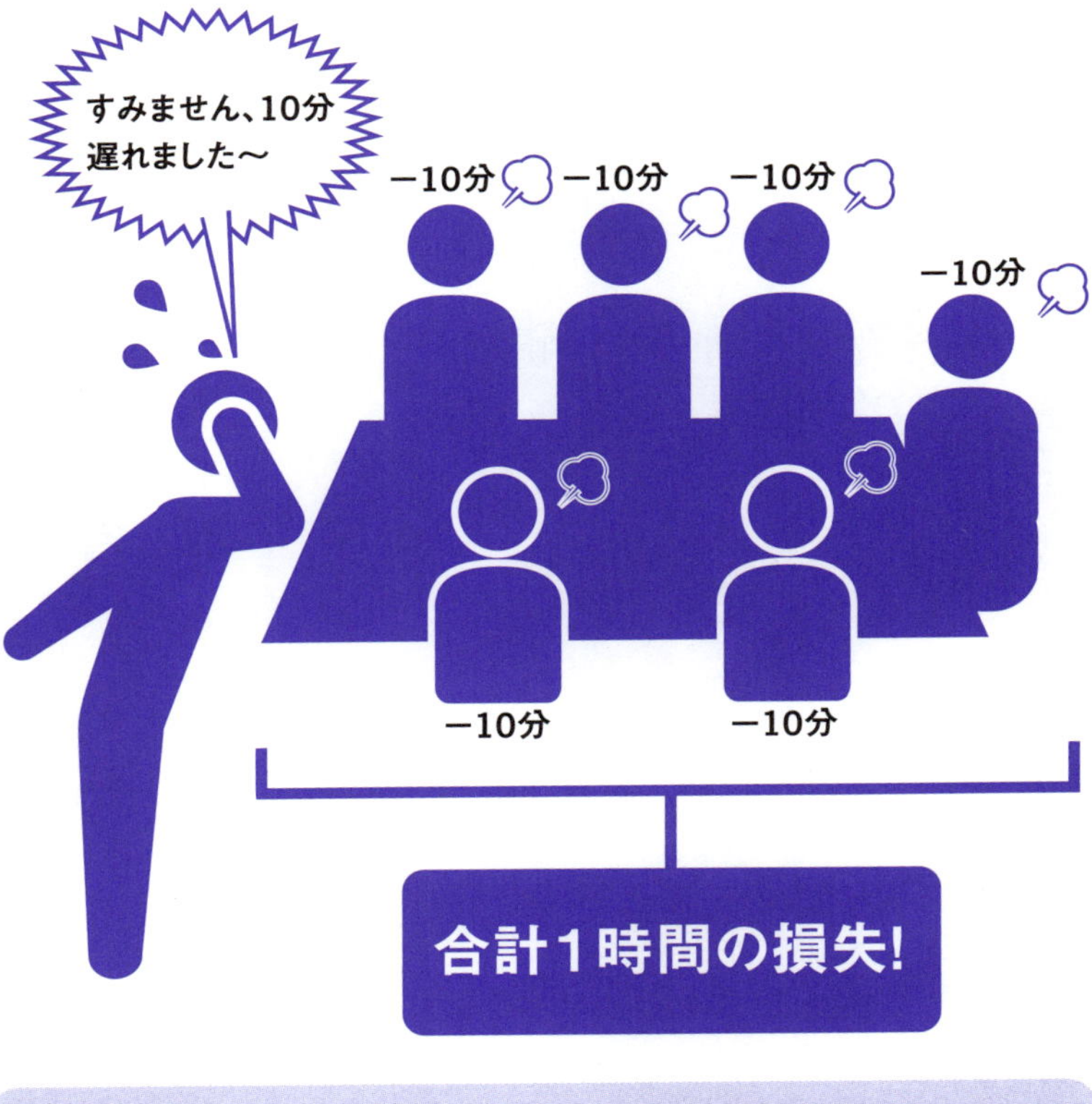

会議に10分遅れてきたとき。たかだか10分と思うかもしれないが、チームで考えれば、1時間以上の損失になることも。また、仕事ができる人ほど、10分あれば様々な仕事ができるので、その機会を奪っていることになる

2-08

PDCAサイクルを知ろう

4つのサイクルを回すことで、改善につぐ改善が起きる

▼Plan→Do→Check→Actのサイクルを回す

多くの会社で使われるマネジメント手法であり、自分の成長速度を速めるためにも知っておきたいのが、「PDCAサイクル」です。

PDCAとは、次の4つの行動の頭文字を取ったものです。

1. Plan……仕事の計画を立てる
2. Do……計画に沿って仕事をする
3. Check……実行した結果をチェックして、評価する
4. Action（Act）……改善すべき点を改善する

このサイクルをぐるぐる回すことで、改善に改善を重ねることができ、仕事の質が高まっていき、高い成果があげられるというわけです。自分の仕事でも、日々、PDCAサイクルを回すことを心がければ、1カ月後には自分でも驚くほどの成長をとげても不思議ではありません。とくにC（Check）を行わない人が多いので、気をつけましょう。

PDCAサイクルの回し方

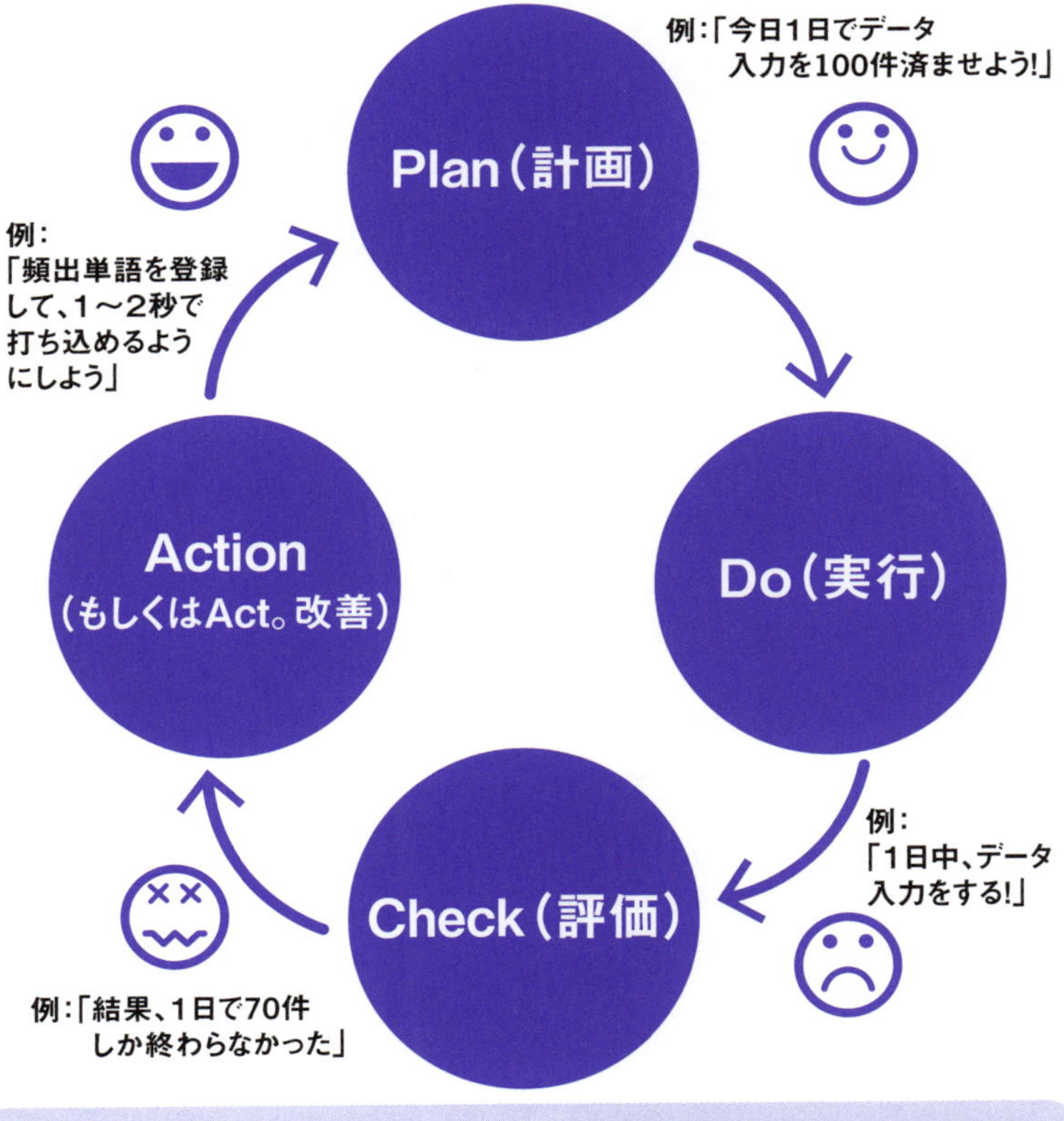

PDCAサイクルを着実に回していれば、自分も会社も成長できる。そうでなくても、意識さえしておけば「計画を立てていない」「やりっぱなしで『Check』していない」などの問題点に気づける

2-09

上司から教わった方法は完コピしよう

焦って基本をおろそかにすると成長できない

▼古くから伝わる「守破離」の教えとは？

上司や先輩から仕事のやり方を教わったときに、いきなり自己流のアレンジを加える人がいます。「より良い方法を追求しよう」という姿勢は悪くありませんが、新入社員のうちは、上司や先輩から教えられた通りの方法でやってみることをお勧めします。そうしないと、スムーズに成長できないからです。

能や武道の世界に「守破離《しゅはり》」という言葉があります。これは、修行の順序を説いたもので、最初の「守」は師匠の教えを忠実にマネして基本を身につける段階、次の「破」は教えを守りながらも応用を加える段階、最後の「離」は独自の方法を追求する段階を示しています。つまり、基本をしっかり身につけないと、成長できないというわけです。

これは、仕事でも同じことが言えます。**上司や先輩が教えてくれるのは基本中の基本の方法です。それにアレンジを加えると、基本が身につきません。**多少疑問があっても、そのままマネしましょう。すると、なぜその方法が基本なのかがわかってくるはずです。

仕事にも通ずる「守破離」の教え

離
師匠の教えを
離れて、独自の
方法を追求する
破
師匠の教えを
守りながらも
応用を加える
守
師匠の教えを忠実に
マネして基本を身につける

「守破離」は、武道や茶道など、様々な分野で大切にされている教え。基本をしっかり身につけないと、「破」「離」の段階には到達できない。仕事でも、のちのちジャンプアップしたいなら、新入社員のときに徹底的に基本を身につけることが不可欠だ

2-10 決算書の基本的な読み方を覚えておこう

これだけは知っておきたい会社の数字

▼まずは損益計算書と貸借対照表から

会社に入ったら、マスターしたいのが、決算書の読み方です。

決算書とは、売上や利益など、会社の数字について書かれた文書のこと。これが読めると、単純に会社の業績がつかめるだけでなく、会社が稼ぎを生み出す仕組みがわかるようになり、会社の経営計画や上司の指示の背景にあるものが理解できるようになります。とっつきにくいイメージがありますが、細かく読めなくてもかまいませんので、最低限の読み方だけ知っておきましょう。

決算書には、主に「損益計算書」「貸借対照表」「キャッシュフロー計算書」の三つがありますが、まずは最初の二つが読めればＯＫです。

損益計算書（Ｐ／Ｌ）とは、一定期間に会社がどれだけ儲けたかを示したものです。左ページの図が、それ。売上から様々な費用を引いていき、最終的に残る利益を導き出します。

損益計算書（P／L）とは？

損益計算書

売上高	100000	
売上原価	60000	商品をつくったり、サービスを提供したりするのに直接かかった費用。原材料費や水道光熱費、人件費など
売上総利益	40000	いわゆる粗利益。売上高から売上原価を引いて算出する
販売費及び一般管理費	30000	商品やサービスを売るのにかかる費用。営業や総務などのスタッフの人件費や広告宣伝費、本社オフィスの賃料などが含まれる
営業利益	10000	売上総利益から販管費を引いた額。本業での儲けを示す。マイナスだと「本業で儲かっていない」ことになり、大問題
営業外収益&費用	2000	株式投資で得た利益など、本業と関係ないことによる売上や費用
経常利益	12000	営業利益に、営業外収益&費用を増減させた額。通常の事業活動による利益で、「けいつね」ともいわれる
特別損益	-10000	地震で壊れた工場の修復費など、突発的な支出や収入
当期純利益	2000	経常利益から、特別損益や税金などを引くことで、最終的な利益が導き出される

一定の期間（例えば1年間）にどれだけ儲けたかを示した表。売上から、かかった費用を何段階かに分けて引いていき、純粋な利益を導き出す

▼過去や他社と比べることで、より多くのことがわかる

損益計算書を見ると、「利益は出ているが、実は本業では儲かっていない」「本業で稼いでいるのに、株式投資で失敗している」などといった内情がわかります。また、多くの利益を上げるためには、いかに経費を減らすかが大切かということも実感できるでしょう。

一方、貸借対照表（バランスシート、B／S）は、会社の資産や元手、借金などを示した表です。ここからは「商品の在庫が多い」「借金が多い」などが読み取れます。

もっとも、損益計算書や貸借対照表を1年間分だけ見ても、会社が儲かっているのか、よくわからないかと思います。実は、それは会計士などのプロにとっても同じ。1年間分だけ見たところで、読み取れることは限られます。

決算書から多くのことを読み取るには「比べる」ことが大切です。

例えば、自社の決算書を過去数年間のものと見比べると、「だんだんと利益が下がってきている」「借金がふくらんでいる」といったことがわかります。また、ライバル他社の決算書と比較すれば、「うちの会社よりも売上が少ないのに、利益はこんなに多いのか」「借金が多いと思っていたけど、他社はもっと多いな」などが見えてきます。さらに、貸借対照表や損益計算書の数値を、パーセンテージに置き換えるのもオススメ。たとえば、損益計算書の売上を分母にして、売上原価や営業利益などをパーセンテージに置き換えると、全体像が分かりやすくなり、比べやすくなります。

貸借対照表（B／S、バランスシート）とは？

会社が持っている資産や元手、借りているお金などを示した表。
これを見れば、その会社の経営状況が安全かどうかがわかる

資産の部		負債の部	
流動資産	5000000	流動負債	3000000
現金	1000000	短期借入金	2000000
売掛金	1000000	買掛金	1000000
棚卸資産	3000000		
		固定負債	4000000
		長期借入金	4000000
		負債合計	7000000
固定資産	5000000	純資産（資本）の部	
土地	2000000	資本金	2000000
建物	1000000	利益剰余金	1000000
機械	2000000		
		純資産合計	3000000
資産合計	10000000	負債・純資産合計	10000000

資産の部：会社が持っている財産のこと

流動資産：資産のうち、すぐに現金化できるもの。顧客から回収していない売上である「売掛金」や、商品の在庫や原材料などの「棚卸資産」を含む

固定資産：すぐに現金化できない資産のこと

負債の部：「将来返さなければいけないお金」を示す

流動負債：1年以内に返さなければいけない負債。買ったけど、まだ代金を支払っていない「支払手形」「買掛金」も含む

固定負債：1年以内に返す必要のない負債

純資産（資本）の部：返さなくて良いお金。株主が出してくれた「資本金」や、これまでの利益を蓄積した「利益剰余金」など

資産の部の「資産合計」と、負債及び純資産の部の「負債・純資産合計」は必ず一致する。だから「バランスシート」と呼ばれる

2-11

相手の話をメモする習慣をつけよう

「5W3H」を意識してメモを取れば聞きもらしが減る

▼メモ帳を一本化し、日付やタイトルをつけると見やすい

　上司からの指示を忘れないようにするためには、上司との話の内容をきちんとメモすることが大切です。新入社員の中にはメモを取らない人がたまにいますが、上司は忙しいですから、同じ指示を何度もしているヒマはありません。**メモをしないで、同じことを二度聞くのは、上司に対して失礼**です。

　また、営業などで取引先に行ったとき、相手の話をメモすることを怠れば、話を聞く気がないとみなされ、不快感を与えます。忘れずにメモを取るクセをつけましょう。

　メモするときのポイントは、メモの内容をあとから見返しやすいようにすること。「複数のメモ帳に分けずに、一つのメモ帳に一本化する」「上部に日付やタイトルを書いて、探しやすくする」などの工夫をすることで、素早く見つけ出せるようになります。

　また、どんなことでも、左ページにあげたような「5W3H」を意識してメモを取れば、必要な情報を聞きもらしにくくなります。

メモを取るときには5W3Hを意識する

5W

What（何を）……仕事の内容、打ち合わせや会議のテーマなど

When（いつ）……仕事の期限、会議やアポイントの日時など

Where（どこで）……アポイントや打ち合わせの場所など

Who（誰が、誰と）……クライアントや仕事に関わる人など

Why（なぜ）……仕事の目的、背景

3H

How（どのように）……仕事の進め方、完成度の度合いなど

How Much（いくら?）……金額、予算など

How Many（いくつ?）……仕事の量や商品の数など

どんなことでも、5W3Hを意識してメモをすれば、必要な情報を聞きもらしにくくなる

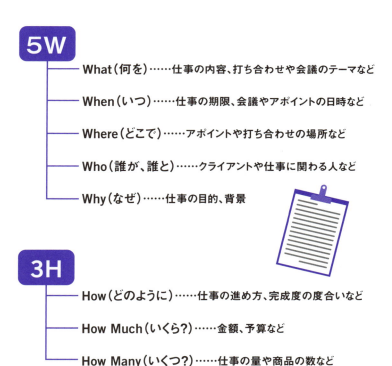

2-12 机の整理は頭の整理につながる

できるだけものを減らせば簡単に整理できる

毎日こまめに片付けることで、キレイな状態を保ちたくなる

会社の机の上に書類や本を積み上げて、作業スペースもないほどグチャグチャにしてしまう人がいます。「僕はこのほうが落ち着くから」と言い訳をする人もいますが、仕事をするにあたってはマイナスだらけ。机の上が散らかっていると頭が混乱しますし、探しものにムダな時間を費やします。オフィスの美観を損ね、周囲の人に不快感を与えます。

新入社員のうちから、机をキレイに保つクセをつけましょう。

ポイントは、**ものをできるだけ減らすこと。そうすれば、整理に手間取らずに済みます。**もっともたまりがちなのは紙の書類ですが、カテゴリー分けしてファイリングするだけでなく、捨てることも重要です。判断に迷うものはとりあえずファイルに入れて保管しておき、一年間など保存期間を決めて、その期間を過ぎたら捨てましょう。

また、モノの置き場所を決め、使い終わったら所定の位置に必ず戻すこと。毎日こまめに片付けることも重要です。キレイにすると「これを維持したい」と考えるものです。

机をキレイに保つためのテクニック

書類を機械的に捨てるルールをつくる

「この書類は保管したほうがいいかも……」などと悩んでいると、書類が捨てられなくなり、書類がどんどん増える。「一年使わない書類はすべて捨てる」など機械的に捨てるルールをつくろう

一時的に置けるボックスを設ける

忙しいときに、書類を無造作に机のあちこちに置くと、どんどん散らかる。それを防ぐためには、書類を一時的に置くボックスを用意するといい。もちろん、そのボックスはこまめに片付けること

スキャンしてデジタル化する

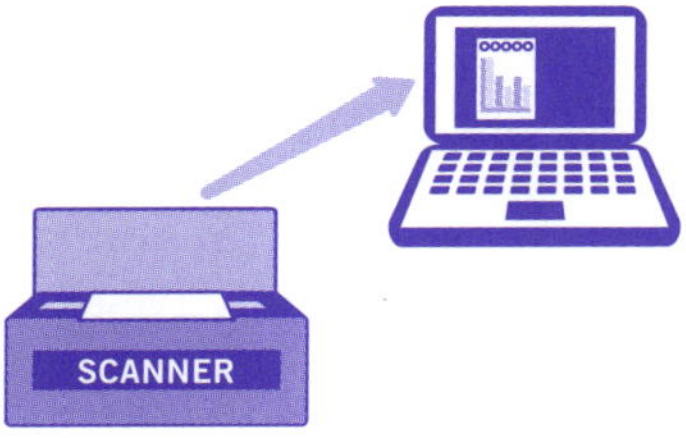

スキャナーを使って、書類や名刺をデジタル化してしまえば、机の上がすっきりする。まめさが必要だが、「毎週金曜日の17時から30分はスキャンの時間」などと予定化すれば、習慣になる

机の上にものを残さない

「帰宅時に机の上にものを置いてはいけない」という規則の会社があるが、そうした規則がなくてもそれにならって、帰宅時に書類や文具などを引き出しにしまうことで、整理できる

2-13

PCの整理で仕事の速さは決まる

ファイル名をわかりやすくすることで見つかりやすくなる

▼フォルダは分けすぎないほうがいい

仕事の能率をあげるためには、パソコンの中を整理しておくことも重要です。ファイル探しに手間取っていては、貴重な時間がどんどん過ぎていきます。

ファイルを探しやすくするためには、フォルダ分けをして、ファイルを振り分けておくことも大切ですが、もっと**大切なのは、ファイル名をわかりやすくしておくこと**です。例えば、A社に提出する提案書なら、「20160101＿A社様ご提案書」などと日付と内容を書いておけば、ひと目でわかりますし、検索もしやすくなります。しかし「提案書」などとシンプルすぎるファイル名をつける人は、意外と少なくないようです。「冒頭に日付を書く」などとルールを決めて、ファイル名を入力するようにしましょう。

フォルダに関しては、階層を細かく分けすぎると、整理するのが面倒くさくなり、かえって整理できなくなることがあります。案件にもよりますが、**階層は多くても2〜3段階に抑えた方がよい**でしょう。

仕事の効率を高めるファイル&メールの整理テクニック

ファイル名をわかりやすくする

○ 「20160525__商品Zお見積書」

× 「見積もり」

検索でひっかかるようなファイル名をつけると、あとで見つけやすくなる。日付をつけておくのもポイントだ。メールに関しても、「商品Bのお見積もりの件」などとわかりやすい件名をつけておけば、整理しやすくなる

フォルダは細かく分けすぎない

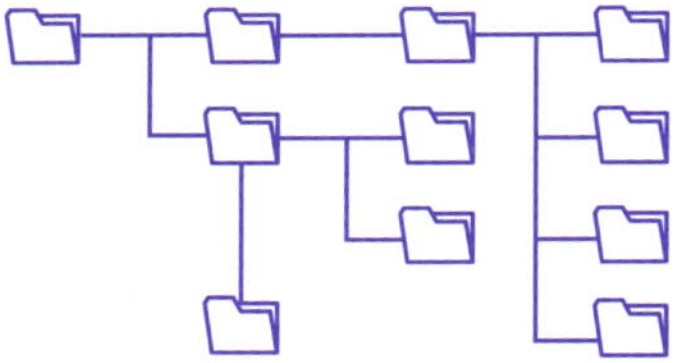

完璧に整理しようとして、フォルダを分けすぎると、どこに入れていいのかわからなくなり、かえって時間がかかる。最低限の数に留めよう

自動振り分け機能を利用する

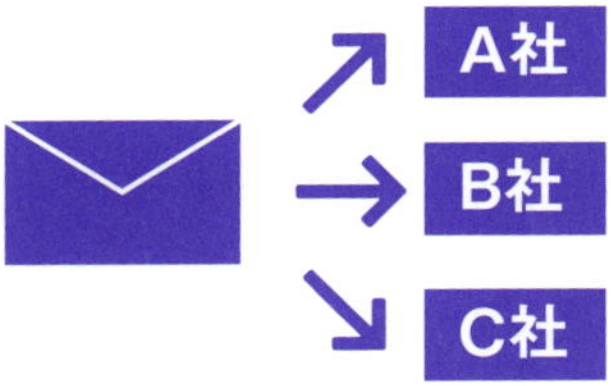

メールソフトの自動振り分け機能を使って、顧客やカテゴリー別に自動で整理できるよう設定しておけば、整理の手間が省ける

用件が済んだら、アーカイブに入れる

用件が済んだメールは受信トレイに置きっぱなしにしないで、アーカイブに入れていく。すると、受信トレイには進行中のものだけが残り、わかりやすくなる

2-14

ロジカルシンキングを手に入れよう

結論を話すときには、必ず事実に基づいた根拠を示す

▼結論を先に述べてから根拠を話すのがセオリー

ロジカルシンキングとは、論理立てて物事を考える思考のことです。就職活動のときに、エントリーシートや面接対策で学んだ人も少なくないでしょう。

ロジカルシンキングのポイントはたくさんありますが、まずは**「事実に基づいた根拠をあげて、結論を話すこと」を意識する**ことが大切です。

例えばテレビCMで起用するタレントを会議で提案するときに、単に「若者の間で人気だから」では納得してもらえません。「20代に聞いた好感度調査で1位」「10本のバラエティ番組にレギュラー出演し、知名度が高い」といった事実をあげることが必要です。

根拠のあげ方は、大きく分けて二つあります。一つは「並列型」。事実に基づいた根拠をいくつか提示することです。もう一つは「解説型」。事実と判断基準を示して、一つの根拠を述べる方法です（事例は左ページで）。どちらの方法にしても、**最初に結論を述べてから根拠を話すと、冗長にならずに済みます。**

ロジカルに結論を伝える二つの方法

1. 並列型　結論を話した上で、事実に基づいた根拠をいくつかあげる

例：課題「低予算のなか、新商品をどんな方法で宣伝するのが良いか」

結論
ラジオCMが良い

根拠1
リスナーは車を運転する人が多く、商品の顧客ターゲットと合致している

根拠2
費用がテレビCMの10分の1で済む

根拠3
過去に類似商品のCMを打ったときに、売上が20%あがった

2. 解説型　事実と判断基準を示し、一つの根拠を導き出す。もちろん、結論は先に述べる

例：課題「当社もライバル他社同様に、チョコレート商品の値上げを実施すべきか」

結論
実施すべきではない。価格据え置きが望ましい

事実
原材料のカカオが高騰しており、ライバル他社は軒並み値上げをしている。弊社も利益率が大幅に下がっている

判断基準
しかし、顧客視点で見れば、値上げをすると、買い控えるようになる。1品あたりの利益を増やしても、売上が下がれば、さらに業績が悪化する可能性もある

判断内容
むしろ据え置きにすれば、他社との差別化を図れ、シェアを奪えるチャンスかもしれない

2-15

「仮説思考」を鍛えよう

仮説を立てて検証し短時間で結論を導き出す

▼仕事以外の場でもトレーニングできる

前ページでロジカルシンキングについて取り上げましたが、結論を導き出すとき、考えられる限りの結論を出し、一つひとつ検証していたら、いくら時間があっても足りません。そこで実戦では、**「これが結論ではないか?」と仮説を立てて、検証していくというプロセスを踏みます。このような思考法を「仮説思考」といいます。**

仮説の精度が低ければいくつもの仮説を検証しなければなりませんが、精度の高い仮説が出せるようになると、短時間で結論に行き着けるようになります。地位が上がれば上がるほど、必要性が高くなる思考法だと言えるでしょう。

仮説の精度をあげるためには、仕事で多くの経験を積むことが必要ですが、仕事以外の場でもトレーニングできます。街で流行っている店を見つけたら「なぜこの店は流行っているのか」、人がいない店があったら「どうすれば流行るか」とテーマを設定し、仮説を立てて検証してみるのです。これを繰り返していると仮説を立てるカンが磨かれます。

仮説思考はどこでも磨ける

町を歩いていて…
なぜこの店は流行っているんだろう?
SHOP
ランチで…
なぜこの店はおいしいのに流行っていないんだろう?
テレビを見て…
なぜ、この商品が売れているのだろう?
大ヒット!

日々接するものに対して、「なぜだろう?」と疑問を持ち、仮説を立てて検証していく。それを積み重ねることで、仮説思考は磨かれる

コラム

「カタカナ言葉」にご用心

「フィジビリ（＝フィジビリティスタディの略。本当に実現が可能かどうかを調査・検討すること）」
「ローンチ（＝新規事業などを立ち上げること）」
「ペルソナ（＝コンテンツなどの典型的な対象ユーザー）」

会社に入ると、これまでの人生で使ってこなかったカタカナ言葉をたくさん聞くことになります。最初はよくわからなくても、仕事をしているうちに慣れてきて、当たり前のように使うようになるでしょう。

しかし、慣れてきたときにこそ、要注意。こうしたカタカナ言葉は、社外の人にそのまま通じるとは限りません。

実は、その会社ではよく使われるけれど、他の会社や業界では使わないという言葉はたくさんあります。

それを考えずに、社外の人にまでそのカタカナ言葉を多用して話すと、「わからないことを話して悦に入っている」と思われ、不快感をもたれることがあります。社外の人と話すときには、誰でもわかるような言葉を選ぶことを心がけましょう。

第3章

「相手の気持ち」を見据えるコミュニケーション

3-01

上司と部下が相思相愛になるには

上司の長所や尊敬できる点を見つけて好きになろう

「嫌われているな」と思えば、上司もあなたを嫌いになる

ロジカルシンキングや会計力などのビジネススキルを高めても、それだけでは仕事はうまくいきません。上司や取引先など多くの人に協力してもらうことが不可欠です。そのためには、仕事で関わるすべての人と良好なコミュニケーションを取ることが大切です。とくに、上司との関係は良好に保っておきたいところでしょう。そのためのポイントはいろいろありますが、最も重要なのは「**上司を好きになる**」ことです。

部下が自分に対してどんな感情を抱いているかを、上司は発言や態度からなんとなく見抜くものです。「嫌われているな」と思えば、当然、上司もいい気はしません。すると、つい厳しくあたったり、敬遠したりするようになります。

好き嫌いは仕事には無関係ですが、嫌われて得をすることもありません。そのためには長所や尊敬できる点に目を向けること。他は見ないことです。感情は空気感染しますから、マイナスの発信は避けたほうが嫌な思いをすることも減ります。

コミュニケーションの第一歩は相手を好きになる

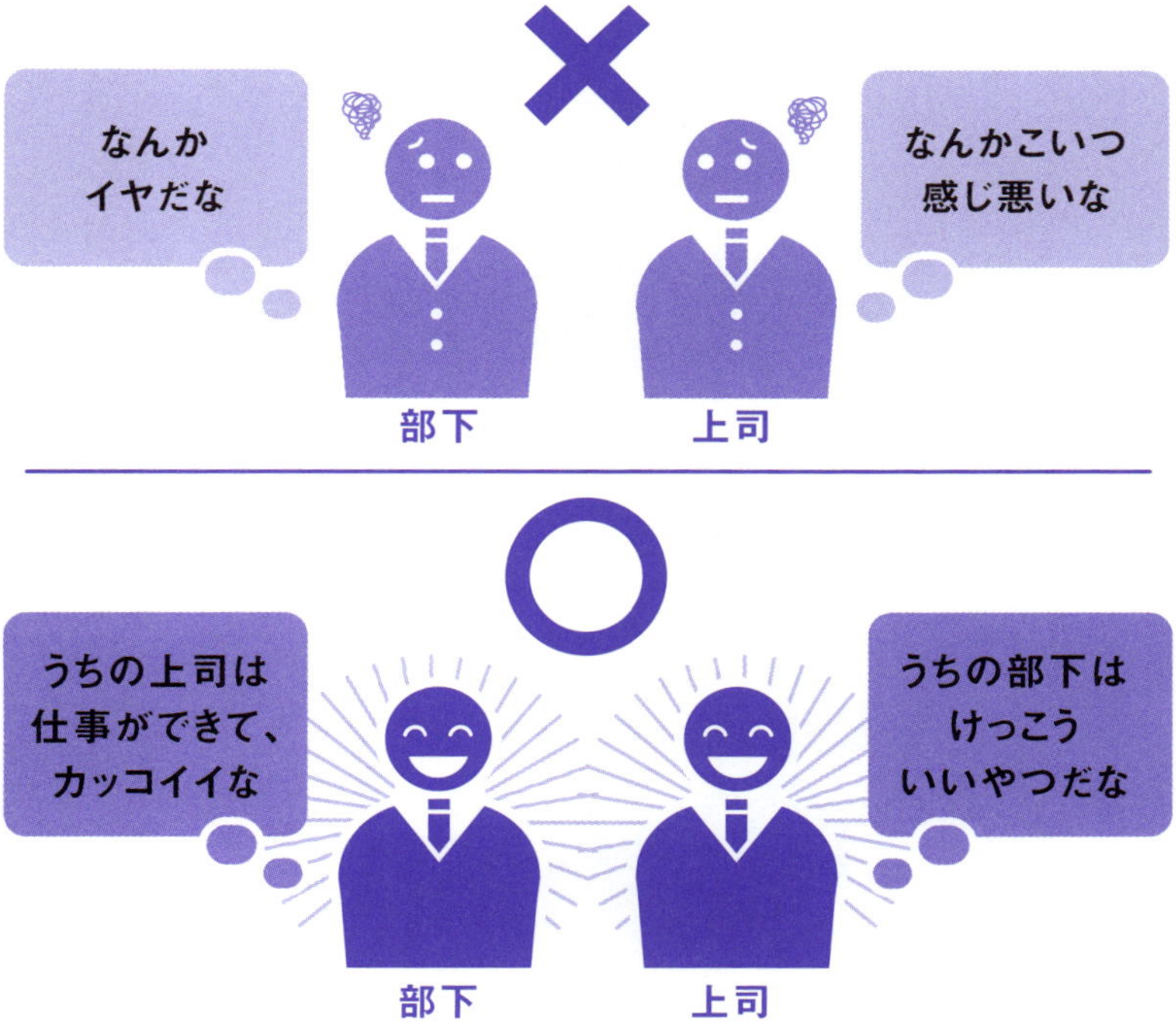

上司は仕事のパートナー。良好な関係を作ることが大切

人間関係は「鏡」のようなもの。嫌いな相手には、「嫌い」という感情が伝わり、相手もあなたのことを「嫌い」になるものだ。良好な人間関係を築きたいなら、自分から相手を好きになること。誰と付き合うときも、相手の良い面を見るように心がけよう

3-02

敬語を使えばそれでOK?

表面的だと見透かされる。相手に敬意を持つことが第一

▼間違ってもいいから使い倒そう

社会人になると誰でも苦労するのが「敬語」。ビジネスの現場では、学生の頃と比べて、圧倒的に幅広い世代の人たちと話す機会が増えます。敬語を使えないと、思わぬ失礼をしてしまうことがあるので、もう一度おさらいしましょう。

敬語には、大きく分けて、相手を敬う「尊敬語」と、自分がへりくだることで敬意を表する「謙譲語」、丁寧に言う「丁寧語」の三つがあります。慣れないうちは、自分に尊敬語を使って自分を敬ってしまったり、相手に謙譲語を使って相手をへりくだらせたりしてしまいがちなので、気をつけましょう。

ただし、「間違ってはいけない!」とガチガチになっていると、何も話せなくなります。**多少間違えたとしても、相手にちゃんと敬意を持って話していれば、新入社員のうちは、相手も温かく見てくれる**ものです。逆に、正しい敬語を使っていても、態度やふるまいに敬意が感じられないと、「慇懃無礼《いんぎんぶれい》だ」と怒らせることがありますので、要注意です。

尊敬語・謙譲語・丁寧語を使いこなす!

尊敬語とは?

相手の動作や状態などを直接敬う言葉。「お話しになる」「ご覧になる」など、「お(ご)+動作+なる」の形にしたり、「いらっしゃる」のように別の表現に変える

謙譲語とは?

自分や身内をへりくだって表現し、相手を立てることで敬意を表する言葉。「ご説明する」など、「お(ご)+動作+する」の形にしたり、「うかがう」のように別の言葉に変える

丁寧語とは?

言葉の頭に「お」「ご」をつけたり、「です」「ございます」をつけたりして、丁寧な表現にした言葉

尊敬語、謙譲語の例

	尊敬語	謙譲語
言う	おっしゃる	申す、申し上げる
行く	いらっしゃる、おいでになる	伺う、あがる、まいる
来る	みえる、お越しになる	まいる
いる	いらっしゃる	おる
伝える	お伝えになる	申し伝える
会う	お会いになる	お目にかかる
見る	ご覧になる	拝見する
聞く	お聞きになる	伺う
与える	くださる	差し上げる
食べる	召し上がる	いただく
する	なさる	いたす、させていただく
帰る	お帰りになる	失礼する、おいとまする

社会人になったら使いこなしたい丁寧語

普通の言葉	丁寧な表現
すみませんが	恐れ入りますが、お手数（ご面倒）をおかけ致しますが
わかりました	承知しました、かしこまりました
わかりません	存じ上げません、わかりかねます
できません	いたしかねます、ご希望にそいかねます
知っていますか？	ご存知ですか？
どうしますか？	いかがなさいますか？
どうしましょうか？	いかがいたしましょうか？
誰ですか？	どちら様でしょうか？
席にいません （社内にはいるが）	席を外しております
いま行きます	ただいままいります
来てもらえますか？	ご足労いただけますか？、お越しいただけますか？
よかったら	差し支えなかったら
今回はやめておきます	今回は遠慮させていただきます
やめてください	ご遠慮願います
何の用ですか	どのようなご用件でしょうか

丁寧な表現を覚えておくと、上司や先輩、お客様と話すとき、上品な印象になる。また、お断りなど、言いにくいことを伝えるときに、クッションのような役目を果たし、角が立ちにくくなる。せっせと使って、自然と口から出てくるようにしよう

ここでチェック!間違えやすいNG敬語集

✕「そちらの資料を拝見していただけますか」
○「そちらの資料をご覧いただけますか」
✕「先日、鈴木さんが申し上げていました」
○「先日、鈴木さんがおっしゃっていました」

「拝見する」「申し上げる」は謙譲語であり、相手には使ってはいけない。

✕「打ち合わせの件、了解しました」
○「打ち合わせの件、承知しました」

「了解しました」は丁寧な言葉のようにも思えるが、
じつは、目上の人に対しては使ってはいけない言葉

✕「よろしければ、ご覧になられますか?」
○「よろしければ、ご覧になりますか?」

「ご覧になられます」は、「ご」と「られる」を同時に使う、
いわゆる「二重敬語」。過剰な敬語は、慇懃無礼な印象を与える

✕「私的には良いと思います」
○「私は良いと思います」

「○○的には」は、友人同士だけで使っていいカジュアルな表現

✕「お見積書のほうをいただけますでしょうか」
○「お見積書をいただけますでしょうか」

丁寧だと思うのか、「ほう」をつける人がよくいるが、必要ない

一見正しいようで、
実は間違っている敬語の誤用例を集めた。ご注意を

3-03

人の呼び方はTPOで変わる？

社長も呼び捨てにしたほうがよいときがある

▼「おビール、いかがですか？」とまで丁寧でなくていい

敬語の難しさは、TPOによっても使い方が変わってくることです。

例えば、上司と、社外の取引先と打ち合わせをしているとき。取引先に対してはもちろん尊敬語ですが、上司について話すときは、尊敬語を使いません。取引先から見れば、上司は自分の身内だからです。上司の鈴木課長の発言を引用するときは「鈴木さん（鈴木課長）もおっしゃっていたように」ではなく、「鈴木（課長の鈴木）も申し上げましたように」と、名前を呼び捨てにして謙譲語を使います。それは社長でも同じです。呼び捨てにするのは、最初は抵抗があるかもしれませんが、「さん付け」していると礼儀知らずだと思われるので、遠慮なく呼び捨てにしましょう。

また、「課長、おカバンをお持ちしました」「おビール、いかがですか？」などと、過剰なまでに丁寧な言葉遣いをすると、気持ち悪がられることもあります。**ポイントの一つは「お」をつけ過ぎないこと**。「カバンをお持ちしました」ぐらいで十分です。

取引先と話すときには上司を呼び捨てにする

上は典型的なOK・NG例。入社したての頃は、上司や先輩を呼び捨てにするのに抵抗があるかもしれないが、まったく差し支えない

3-04

あいさつはすべての始まり

やってしまいがちなNGのあいさつ

▼全員いっぺんにするのではなく一人ひとりに声をかける

武道の世界ではよく「礼に始まって礼に終わる」ということが言われますが、それはビジネスの世界も同じ。その意味で、あいさつは非常に重要です。

朝、出社したら、明るく大きな声で「おはようございます！」とあいさつをしましょう。出社したら、自分の部署の人全体にいっぺんにあいさつするのではなく、同じ課にいる上司や先輩一人ずつにあいさつしていくと、印象が良くなります。

通勤途中に上司や先輩を見かけたときにも、こちらから声をかけることが大切です。また、廊下などを歩いていたら向こうから上司や先輩が来た、というときは、歩きながらではなく、足を止めてあいさつをしましょう。

一方、会社を出るときには「お先に失礼いたします」というのが基本。他の人が自分より先に帰るときには「おつかれさまでした」と言いましょう。「ごくろうさまでした」は目上の人が目下の人に対して使う言葉なので、使わないようにしましょう。

やってはいけない、こんなあいさつ

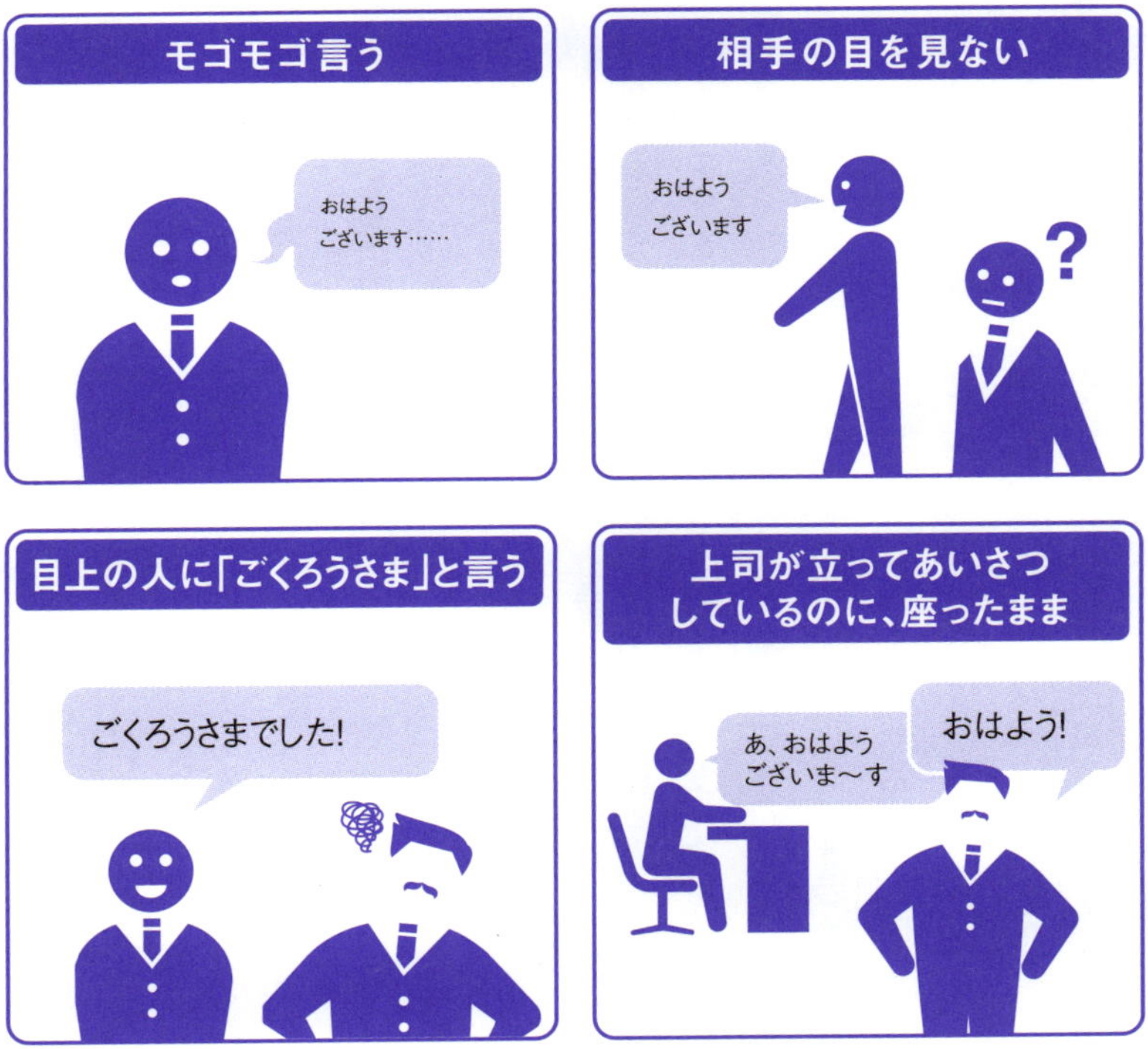

ビジネスの世界は「礼に始まり礼に終わる」

どれもやってしまいがちなので、ご注意を。
とくに仕事で忙しいときは気をつけよう!

3-05

必須スキルは「話す」より「聞く」

人は自分の話を聞いてくれる人に好感を抱く

「ええ」「うん」に気をつけよう

コミュニケーションというと、「話す」ことがクローズアップされがちですが、新入社員にとってそれ以上に重要なのが、「聞く」ことです。

なぜなら、**人は自分の話を聞いてくれる人に好感を抱く一方、話を聞かない人に嫌悪感を抱く**からです。教わることの多い新入社員は、上司や先輩から話を「聞く」機会が多いはず。そこで、ちゃんと話を聞いていないとみなされると、嫌われてしまい、仕事に必要なノウハウや情報を教えてもらえなくなります。緊張感を持って、話を聞きましょう。

話を聞くときに押さえておきたいポイントを、左ページにまとめました。**とくに気をつけたいのは、あいづちの打ち方**。目上の人に対して、「ええ」「うん」「はぁ」などというあいづちを打つ人がいますが、これは非常に失礼な行為です。また、「はい」はいいのですが、「はい、はい、はい」と何度も続けざまに言うと、「本当に聞いているのかな？」と疑われてしまいます。クセになっている人は、意識的に直しましょう。

押さえておきたい「聞く技術」の基本

相手の鼻のあたりを見る

聞いていることを示すには、話している相手の顔を見ることが大切だが、相手の目をじっと見るのは苦手な人もいるはず。また、相手も話しづらい。鼻のあたりを見るのがおすすめ

あいづちを打つ

自分が話をしているときに、相手が無反応だと、「聞いていない」とみなされる。「はい」「そうなんですか」など、相手の話に合わせてあいづちを打とう

途中で話をさえぎらない

相手が話しているのをさえぎって、自分の話をしようとする人がいるが、相手は一発で不愉快になる。話は最後までじっくり聞ききろう

メモを取る

2-11でも述べたが、話を聞いているとき、メモを用意しないのは言語道断。メモを取らないとしても、姿勢をみせることが重要

3-06

「質問力」を武器にしよう

早く成長したいなら上司や先輩にどんどん質問しよう

▼具体的に聞くことで、求める答えが返ってくる

仕事の実力を早くつけたいなら、上司や先輩にどんどん質問することが大切です。会社の仕事のノウハウを得るには、そこで働いている人に聞くのが一番の近道。比較的忙しくなさそうなタイミングを見計らって聞けば、嫌がられることもないでしょう。

上司や先輩からうまく知恵を引き出す質問のコツは、できるだけ具体的に聞くことです。「どうすれば新規顧客を開拓できるのでしょうか？」というように、抽象的な聞き方をすると、自分が求めていた答えとは別の答えが返ってくることが多くなります。効果的な質問の一つは、「営業のトークを、こんなふうに変えてみようと思うのですが、どうでしょうか？」と自分なりに考えた方法を投げかけること。すると、上司や先輩も答えやすいですし、いったん自分で考えるので、より成長につながります。

やってはいけないのは、ネットで調べればわかるようなことをいちいち聞くこと。それは他人の時間を奪っているのと同じです。

上司や先輩への質問はできるだけ具体的に

✖ どうすれば売れるようになるでしょうか?

○ 飛び込み営業をするときに、
このような方法を試そうと思うのですが、
どうでしょうか?

○ 相手との話は弾むのですが、
うまくクロージングにもっていけません。
クロージングのタイミングを計るコツは
あるのでしょうか?

○ プレゼン資料として、A案とB案を考えたのですが、
どちらの案が良さそうでしょうか?

○ 見込み客向けに、自作の簡単なパンフレットを
つくってみたのですが、これで商品の魅力が
伝わるでしょうか?

抽象的に聞くと、自分が求めているのと違う答えが返ってくる可能性が高い。具体的に聞くことで、自分の求める答えが返ってくる

3-07

なぜあの人は叱られても平気なのか

「このように改善します」と示せばOK

▼人格否定をされても、「自分を成長させる糧になる」ととらえよう

仕事をしていれば、ミスをおかして、上司に叱られることも出てくるでしょう。新人の頃はまだ叱られ慣れていないので、大きく凹んでしまうこともあるかもしれません。

しかし、過度に落ち込む必要はありません。**大切なのは、叱られたことを反省し、改善すべき点を改善すること**。「次からこのように直します」と上司に伝えて、実際に行動すれば、何の問題もありません。

下手に言い訳をしたり、改善策を言わずにひたすら謝っていたりした方が、かえって上司の怒りを増幅させるので、気をつけましょう。

上司によっては、「お前はその性格がダメなんだよ」と人格否定をしてきたり、ネチネチと言ってきたり、と嫌な叱り方をしてくるかもしれませんが、そんなときは「これも自分を成長させる糧になる」と思えば、上司に対する怒りも収まるでしょう。また、「自分が上司になったらこういうことはしない」といった反面教師にもなるはずです。

叱られたときの対応であなたの評価は決まる

評価が上がる人

申し訳ございませんでした
このように改善します

- 言い訳せずに、指摘を受け止める
- 過剰に謝らない
- 改善策を言う
- 叱られた点をしっかり改善する
- 「上司のおかげで、改善できました」とお礼を言う

叱りがいのある、良い部下だな

評価を下げる人

大変申し訳ございません

- ひたすら平身低頭で謝る
- 改善策を言わない
- 言い訳をする
- 人のせいにする
- 叱られた点を直そうとしない

叱っても何の意味もないじゃないか!

叱った後、悪かった点をきちんと修正する部下を見ると、上司は「叱ったかいがあった」と喜び、その部下への信頼や評価を大きく高める

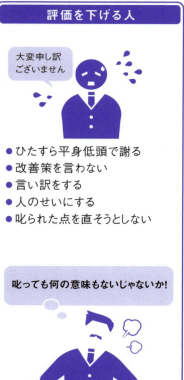

3-08

「根回し」なしに大きな仕事はできない

反対派を取り込んでいくことでやりたいことが実現できる

▼上司のやり方を見て、今のうちから学んでおこう

組織で仕事をしていくなら、欠かすことができないのが、「根回し」。会議や打ち合わせの前に、前もってキーマンに話をして、合意を取っておくことです。

根回しをサラリーマンの姑息な処世術のように思っている人がいますが、まったくの誤解です。仕事は規模が大きくなればなるほど、様々な部署の人を巻き込んでいく必要がありますが、部署が違えば、思惑はまったく異なります。例えば新規事業に対して「ぜひやりたい」と考えている部署もあれば、「通常の仕事に支障をきたすから協力したくない」「失敗しそうなのでやめてほしい」と考えている部署もあります。こうした反対派の思惑を汲みとらずに会議をすると、いつまで経っても話が進まなくなります。強引にことを進めたら、必ず妨害にあうでしょう。それを防ぐためには根回しが不可欠なのです。

新入社員は根回しをする機会はないでしょうが、根回しをしている上司に協力することはあるかもしれません。そのときには、上司のやり方をしっかり見て、学びましょう。

今から学んでおきたい「根回し」のコツ

キーマンが誰かを見分ける

根回しで重要なのはすべてのキーマンに話を通すこと。「聞いていない」という人が一人でもいると話がややこしくなる。キーマンは単に地位が高い人とは限らず、「周囲から尊敬されているスーパーエンジニア」のような人も含まれることがあるので、注意しよう

賛成派から話を通していく

まずは「誰が自分の意見に賛成してくれるか」を見極めて、その人たちから話をしていこう。賛成派が多いほど話が通しやすくなるし、賛成派の人に口ぞえしてもらうことで、反対派が首を縦に振ってくれることもある

「説得」ではなく「相談」する

反対派を説き伏せようとすると、かえって反発を食らうもの。大切なのは「相談に乗ってもらいたい」というスタンスで話をすること。すると、反対派も建設的な意見を述べてくれる。その意見を加えた案にすると、OKがもらいやすくなる

3-09

クレームは「傷ついているから」生じる

お客様の気持ちを癒やしてあげることがクレーム対応の基本

▼クレームを入れるお客様に対して感謝しよう

仕事をすると避けては通れないのが、クレーム対応です。自分にミスがなくても、たまたま取った電話がクレームの電話ということもあります。すごい剣幕で怒るお客様に対して「勘弁してよ」「ついてないな……」というのが正直な気持ちでしょう。

しかし、**クレームは、自分が気づかなかったことに気づき、改善できる絶好の機会**とも言えます。そう考えれば、感謝すべきことだと言えるでしょう。

お客様がわざわざクレームを言ってくるのは、あなたの会社に期待していたのに、裏切られ、傷ついているから。その気持ちを癒やしてあげることが重要です。不満をすべて吐き出してもらった上で、すぐに返品に応じるなど、すばやく対応しましょう。新入社員だと難しいかもしれませんが、「同じミスが二度と起こらないよう、今後は検品を強化します」などの再発防止策も述べられれば理想的。お客様は「自分のクレームが役に立った。ただの嫌な客ではなかった」と感じ、嫌な気持ちを残さずに済むでしょう。

クレームをどうとらえるかで、成長速度は変わる

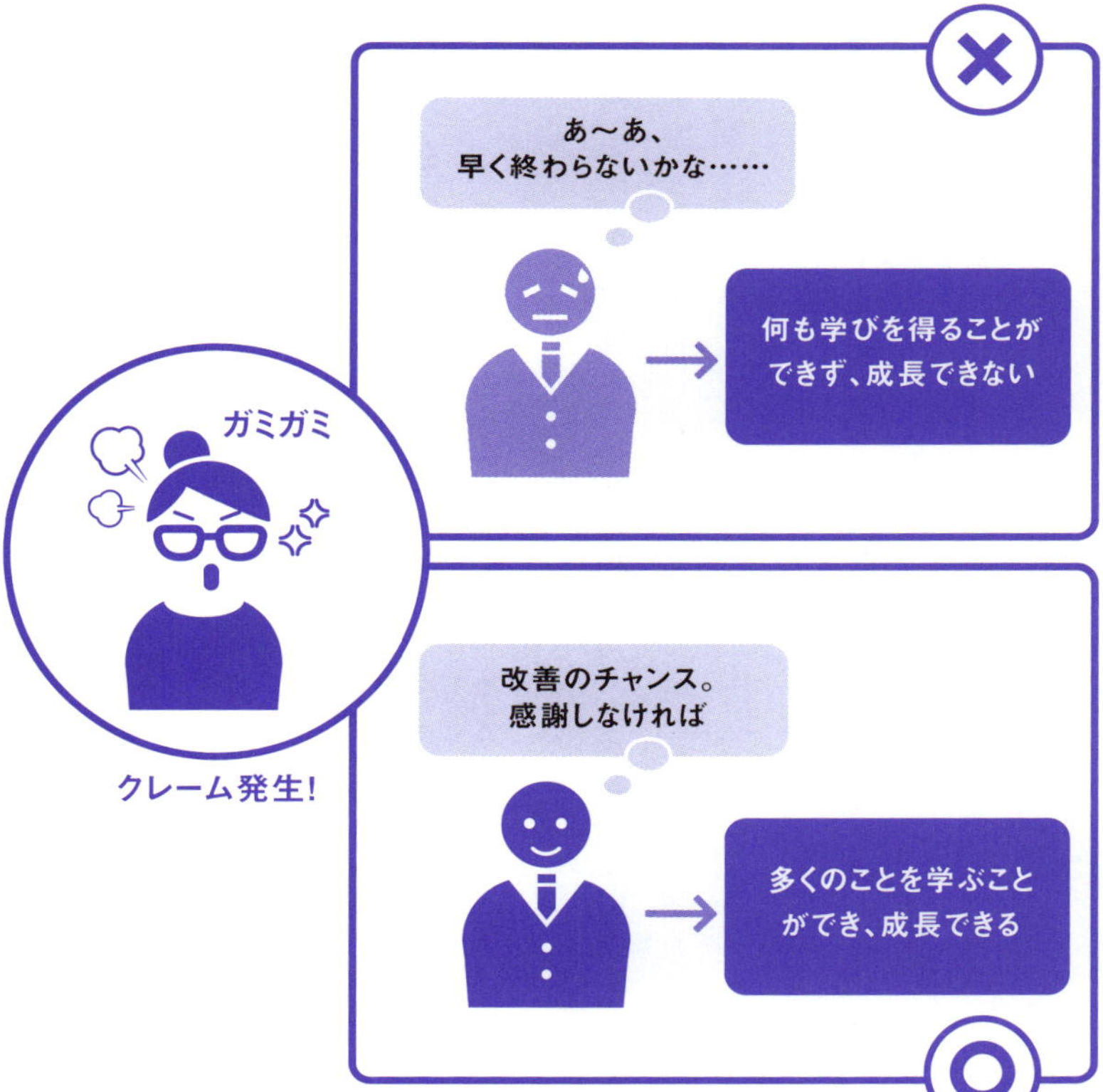

クレームを「改善のチャンス」ととらえるか、「嫌なこと」ととらえるか。
その姿勢の違いは、10年も経てば、とんでもない差となって現れる

3-10

飲みにケーションは必要か？

一次会だけでもいいので顔を出そう

▼一次会で頑張れば、二次会に出なくても悪い印象は与えない

会社に入ると、歓送迎会や決起集会があったり、アフター5に上司に飲みに誘われたり、と社内の「飲みニケーション」の機会が増えてきます。ただ、最近は、飲みの誘いを断る人が非常に多いようです。「仕事に何のメリットがあるかわからない」からでしょう。

しかし、**会社というのは、皆さんの想像以上に人情で動いている世界**です。飲み会で上司や先輩との距離を縮めておけば、相談しやすくなったり、仕事のチャンスが与えられたり、ピンチのときに助けてもらえたりするものです。毎週のように上司に誘われるという状況だと話は別ですが、たまに誘われる程度なら、素直に参加しましょう。

悩むのは二次会ですが、これはムリに行かなくてもかまいません。「断ると失礼かもしれない」と思うなら、一次会で、飲み物を頼む役を務めたり、お酌をしたり、と一生懸命礼儀を尽くしましょう。そうすれば、誰も「失礼なヤツだ」などと思いません。

いずれにせよ飲み過ぎには注意。無礼講でも上司や先輩に迷惑をかけてはいけません。

社会人になったら実践したい飲み会の作法

皿や箸を配る

どうぞ

テーブルの隅に箸や皿、おしぼりなどがまとめられていたら、率先して配ろう。醤油が届かない位置にいる人に回したり、来ていないメニューを確認したり、やることは山ほどある

ビールをつぐ

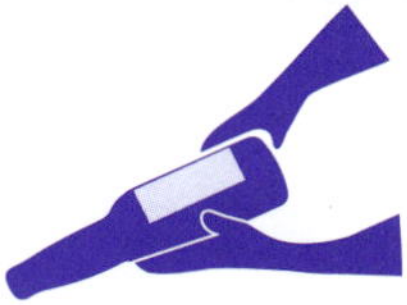

瓶ビールはラベルを上にして、片手は瓶の底、もう片方の手で瓶の下側を押さえながら、つぐのがマナー。コップが空になっていたら、「いかがですか?」と聞いてからつごう

話の聞き役に徹する

ああだこうだ
そのお気持ち
わかります!

酒を飲むと饒舌になる人はたくさんいる。酔っぱらいのたわごとだとしても、ちゃんと耳を傾けてくれる人に対しては、人は非常に好感を持つものだ

二次会の店を探す

今から20人
入れますか?

二次会の店が決まっていないなら、スマホや自分の足で、店探しを手伝おう。皆が酔っぱらっているときにせっせと動いてくれる人はポイントが高い。幹事もすればよりGOOD!

どれも常識的なことばかりだが、意外とやらない人は多い。ちゃんと実践すれば、好感度があがる!

3-11

メール・電話・対面を使い分けよう

何でもかんでもメールは×！

▼正解は一つではない。相手の好む方法を選ぶとよい

プライベートの連絡はもっぱらＬＩＮＥやメール、という人は多いかと思いますが、仕事でも同じように、何でもかんでもメールですませてはいけません。話の内容によっては、メールだと失礼だと思われることもあります。例えば、上司や取引先に謝罪するときに、メールで簡単にすませたら「誠意が伝わってこない！」とかえって怒りを増幅させるかもしれません。**伝える内容に応じて、最適だと思われる連絡手段を選びましょう。**

連絡手段の向き不向きをまとめたのが、左ページの表です。込み入った相談はメールでやり取りすると互いに面倒なので対面のほうがよいですが、待ち合わせ場所や時間など、記録に残っていたほうがよいものはメールが最も適しています。

ただし、正解は一つではありません。謝罪も、人や場合によっては「メールで十分」とされることもあります。一つの目安になるのは、相手の好む方法でやり取りすること。電話を多用する人なら、こちらも電話を使えば、大きく外すことはないでしょう。

メールと電話と対面、どれを選ぶのが正解?

	長所・短所	向き・不向き
メール	○ 記録を残せる	○ 数字などの正確性を要すること（待ち合わせ場所・時間、商品などの発注）
	○ 相手の時間を奪いにくい	○ 簡単な伝達事項
	○ 一斉送信ができる	○ 簡単な相談事
	× 感情が伝わりにくい	× すぐに確認したいこと
	× 返信が遅れる場合がある	× 謝罪
電話	○ すぐに連絡が取れる	○ すぐに確認したいこと
	○ メールより感情が伝わる	○ 簡単な相談事
	× 相手の時間を奪うことがある	△ 謝罪
	× 記録が残らない	× 簡単な伝達事項
		× 数字などの正確性を要すること
対面	○ 最も感情が伝わりやすい	○ 相談事
	△ すぐに連絡が取れるが、アポがとれないときもある	○ 謝罪
		△ 簡単な相談事
	× 相手の時間を奪うことがある	△ すぐに確認したいこと
	× 記録が残らない	× 簡単な伝達事項
		× 数字などの正確性を要すること

正解は一つではない。相手の好む最適なやり取りを心がけよう。

確実に伝えたい大事な用件の場合は、メールをした後に、「念のためご連絡を差し上げました」と電話で改めて説明する、というように、複合技を使うとよい

3-12

電話に出るのも新入社員の仕事

場数をこなせば電話は慣れる

▼かけてきた相手より先に切るのはNG!

会社にかかってくる電話に出るのも、重要な仕事。とくに新人のうちは、率先して出ましょう。取引先を覚えられますし、相手からも覚えられます。

最近は、携帯電話やメールが普及したことで、電話が苦手な人が増えているようですが、場数を踏めば、だんだんと慣れていくものです。左ページでの**電話応対の基本パターンを覚えて、明るく大きな声で話せば、それほど間違いはない**でしょう。名前が聞き取れなくても、「おそれいりますが、もう一度お名前を頂戴してもよろしいでしょうか?」と言えば、失礼にはあたりません。

注意したいのは「○○さんはただいま外出されています」と、社内の人間を指すときに、さん付けや尊敬語・謙譲語を使わないこと。必ず呼び捨てにしましょう。また、かけた相手より先に「失礼いたします」と言ったり、先に電話を切ったりするのはNGです。話が終わったように見えても、かけた相手は、まだ話したいことがあるかもしれないからです。

電話応対の基本パターンを覚えよう

以下は一般的な電話応対のパターン。これを覚えて、様々な場面に応用しよう

あなた：はい、A社です ← もしもしは不要。ベルが3回鳴るまでに出る

相手：お世話になっております。B社の伊藤です

あなた：（いつも）お世話になっております ← 定型のあいさつ

相手：山本さんはいらっしゃいますか？

※山本さんがいる場合

あなた：はい、少々お待ちくださいませ ← 保留ボタンを押す

※山本さんがいない場合

あなた：申し訳ございません。山本はただいま外出しておりまして、16時に戻る予定です。よろしければ、戻り次第お電話を差し上げるよう、申し伝えますが ← と言いつつ、山本さんへの伝言メモを取る

相手：それではお願いいたします

あなた：念のため電話番号を頂戴してもよろしいでしょうか・・・。復唱させていただきます。B社の伊藤様。電話番号は090-・・・でよろしいでしょうか？ ← 聞き慣れない名前の人なら電話番号を聞き、メモ。名前と電話番号を確認する

相手：大丈夫です

あなた：ご伝言承りました。私は○○と申します

相手：よろしくお願いいたします。失礼いたします

あなた：失礼いたします ← かけた相手より後に「失礼いたします」と言って切る

3-13

失礼のない電話のかけ方とは？

「携帯から」「携帯へ」かけるときの注意点

▼職場にかけてから携帯にかけるのが最も無難なやり方

入社してしばらくすると、こちらから電話をかける場面も出てきます。基本パターンは前ページで紹介した応対パターンの相手のセリフを参考にするとよいでしょう。

注意したいのは、**外出先で携帯電話からかける必要が出てきたとき。周りに誰もいない静かな場所からかけるようにしましょう**。会話の内容を第三者に聞かれて、会社の機密事項が漏れることを防ぐためでもありますし、相手が聞きやすくするためでもあります。

一方、相手の携帯電話にかけることに関しては、「よほど緊急のときでない限り、かけてはいけない」「深夜など非常識な時間帯でなければ、いつでもかけていい」など様々な意見があります。相手にもよりますが、最も無難なのは、**最初に職場の電話に連絡すること**。その上で、「携帯にお電話してもよろしいでしょうか？」と聞いてOKが出たら、かけてもよいでしょう。また、携帯の場合は、電波が悪くて、内容の一部が伝わっていないことがよくあるので、心配なときは、メールでも用件を送っておきましょう。

電話をかけるときのビジネスマナー集

できるだけすぐ折り返す

「折り返しお電話ください」と伝言があったら、できるだけ速やかに電話しよう。待たされるほうのストレスは大きい

静かな場所からかける

外出先から携帯でかけるときは、情報漏えいと雑音の入り込みを防ぐために、人気のない静かな場所からかけよう

相手かどうか確かめる

相手の携帯電話にかけた場合は「○○様でいらっしゃいますでしょうか?」と確認を。いきなり話しだすと、見知らぬ人に機密事項を漏らす可能性がある

相手の状況をたずねる

相手の携帯電話にかけた場合は、出たとしても「いま、お電話してもよろしいでしょうか」と聞くのがマナー。取り込み中の可能性もあるからだ

3-14

ビジネスメールは何が違う？

忙しい相手に負担をかけないようにまとめる

▼ちょっとした返信があるかどうかで、相手の気持ちはまるで違う

ビジネスのメールを送るときにも、相手に対する様々な気づかいが必要です。まず大切なのは、**「短時間でパッと読めるような文章を書く」**ことです。ダラダラと長文を送ると、読むのに時間がかかり、忙しい相手をうんざりさせてしまいます。これでは、相手に言いたいことが伝わらなくなる恐れもあります。左ページの文例のように、箇条書きを使って端的にまとめましょう。

「メールがきたら、こまめに返信する」ことも重要です。日程などの伝達や資料送付などのメールが来たとき、何も返信しない人がいますが、相手は届いているのかがわかりません。「ありがとうございました」「承知しました」といった簡単な返信でも、あるとないでは相手の心証はまるで違います。**返信は24時間以内が原則**です。すぐに返信できない内容なら「検討させていただいた上で、改めてご連絡申し上げます」と、その旨を素早く伝えます。「明後日までにはご回答いたします」と回答時期の目安も書いておきましょう。

ビジネスメールは、ここに注意!

To

Cc

件名 「XYZ」打ち合わせ日時の件

件名をちゃんと書く
「ご連絡」などのシンプルな件名や、「@@社の××です」といった名前を書いた件名は、何の用件かわからず、受け取ったほうは整理しづらい。できるだけ具体的に書こう

株式会社○×　　鈴木様

お世話になっております。
△○の山本です。

雑誌「XYZ」への広告出稿の件ですが、
以下について御社にて打ち合わせをさせていただければ、と考えております。

・掲載スペース
・掲載月
・掲載内容の詳細

シンプル&コンパクトに
ダラダラと書いてあると読む気がしなくなる。できるだけシンプル&コンパクトにまとめよう。箇条書きを使うとスッキリ読みやすくなる

日程ですが、以下のいずれかでいかがでしょう

・3月22日(月)13:00〜14:00
・3月23日(火)11:00〜12:00か、14:00〜15:00

ご検討くださいますよう、よろしくお願い申し上げます。

〒100-0000
東京都中央区銀座0-0-00
(株)△○　山本 和夫
TEL:03-0000-0000　FAX:03-0000-0
mobile:090-0000-0000
E-mail:xxxxx@xxxxx.xxx
URL:http://www. ×××××××.×××

署名を入れる
メールの最後には、署名や電話番号、住所を入れよう。それを見て、電話をしたり、宅配便や手紙の宛名を書いたりする人は意外と多いからだ

3-15

飲み屋の雑談で会社に大損害!?

情報漏えいを防ぐためにはアフター5こそ気を抜かない

▼電車内でのメールチェックで情報が筒抜けになることも

106ページで「外出先で携帯電話をかけるときは、第三者に話を聞かれないところで」という話をしましたが、情報漏えいを防ぐために外出先で注意すべきことは、他にもたくさんあります。

まずは「電車内や居酒屋などの**不特定多数の人がいる場で、会社や顧客の機密事項を話さない**こと」。とくに酒を飲んでいるときは酔った勢いであれこれ言いがちなので要注意です。しゃべらなくても、電車内や喫茶店でスマホでメールチェックをしたり、ノートPCで仕事をしたりすると、周りの人に丸見えになることがあるので、気をつけましょう。

「ノートPCや携帯電話、USBメモリなど、**機密データが引き出せるデバイスを、外出先でなくさない**こと」も重要です。これらは「落とした」「置き忘れた」だけでなく、「終電で寝てしまったスキに盗まれた」という話も少なくありません。仕事帰りに遊びに行くときには、はじめから仕事関係の大事な書類やデバイスを持っていかないのが賢明です。

社内でも情報漏えいは起こる

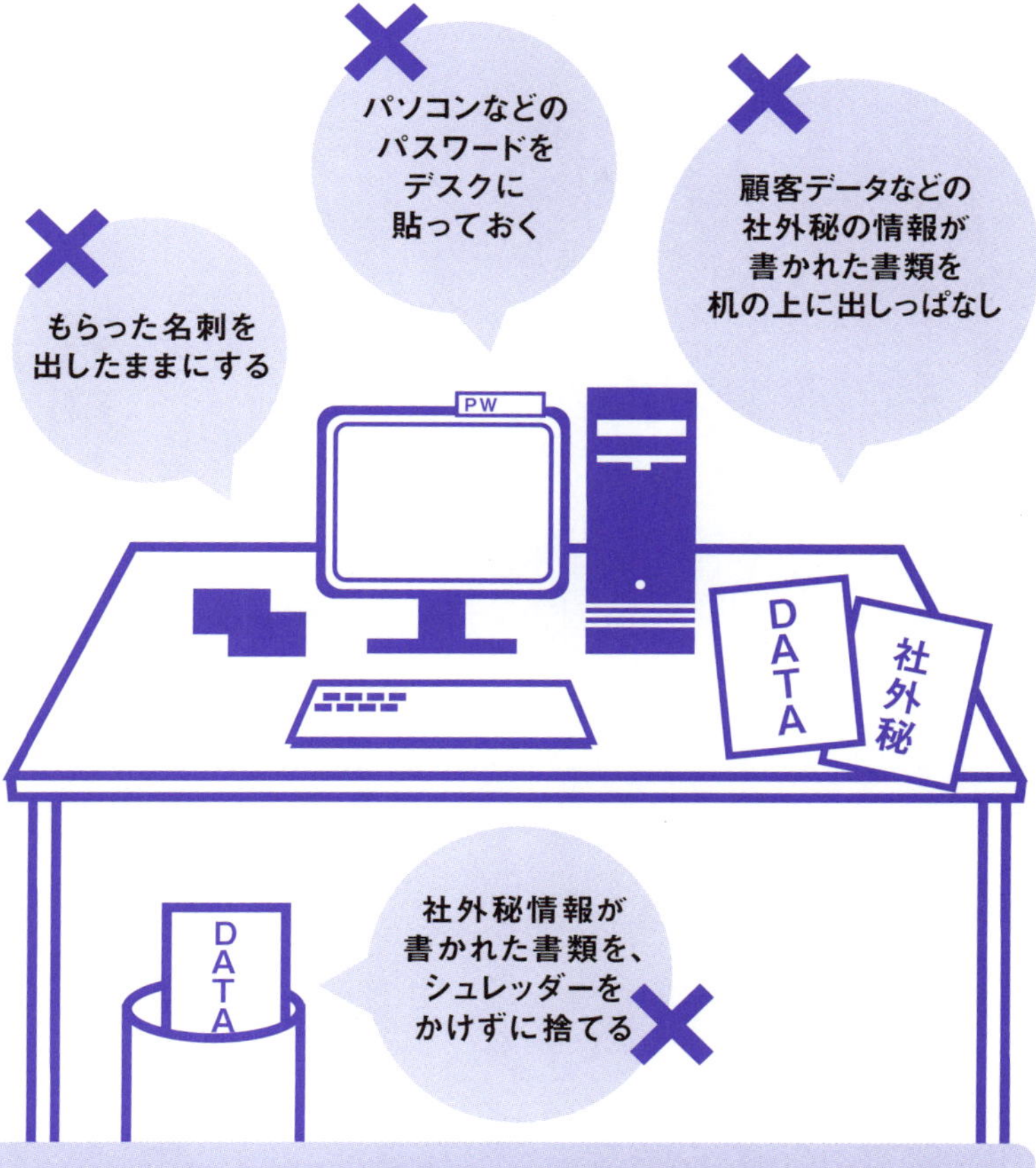

会社なら大丈夫と思ったら大間違い。出入りする取引先の人に見られることもある。このようなことは慎もう

3-16

ピンチ！　遅刻しそうになったら？

少しでも遅刻しそうだと思った時点で早く連絡を

▼デキるビジネスパーソンは30分前に客先へ到着する

寝坊や電車の遅れで、遅刻してしまった……。会社に遅れるのも問題ですが、取引先とのアポに遅刻するのは大問題。信用を失いかねません。

ただ、そんなときこそ、焦らずに、冷静な対応を。**遅刻する可能性が高いと感じたら、できるだけ早く連絡し、遅刻することと到着予定時刻を伝えましょう**。30分以上前に言えば、相手もそれに合わせて予定を調整できます。

人身事故や降雪などはやむを得ない事情ではありますが、そうしたことを見越して行動するのが、デキるビジネスパーソン。早め早めに行動することが大切です。**待ち合わせの場合は、到着予定時刻より10～20分前に到着するようにすれば、少々のアクシデントには対応できる**でしょう。あるトップセールスマンは、客先を訪問するときには、30分以上前に現地入りをして、近くの喫茶店などで待機しているそうです。また、電車の乗り換えルートも複数頭に入れておくと、瞬時に切り替えて、行動することができます。

遅刻の可能性が少しでもあったらすぐに連絡を!

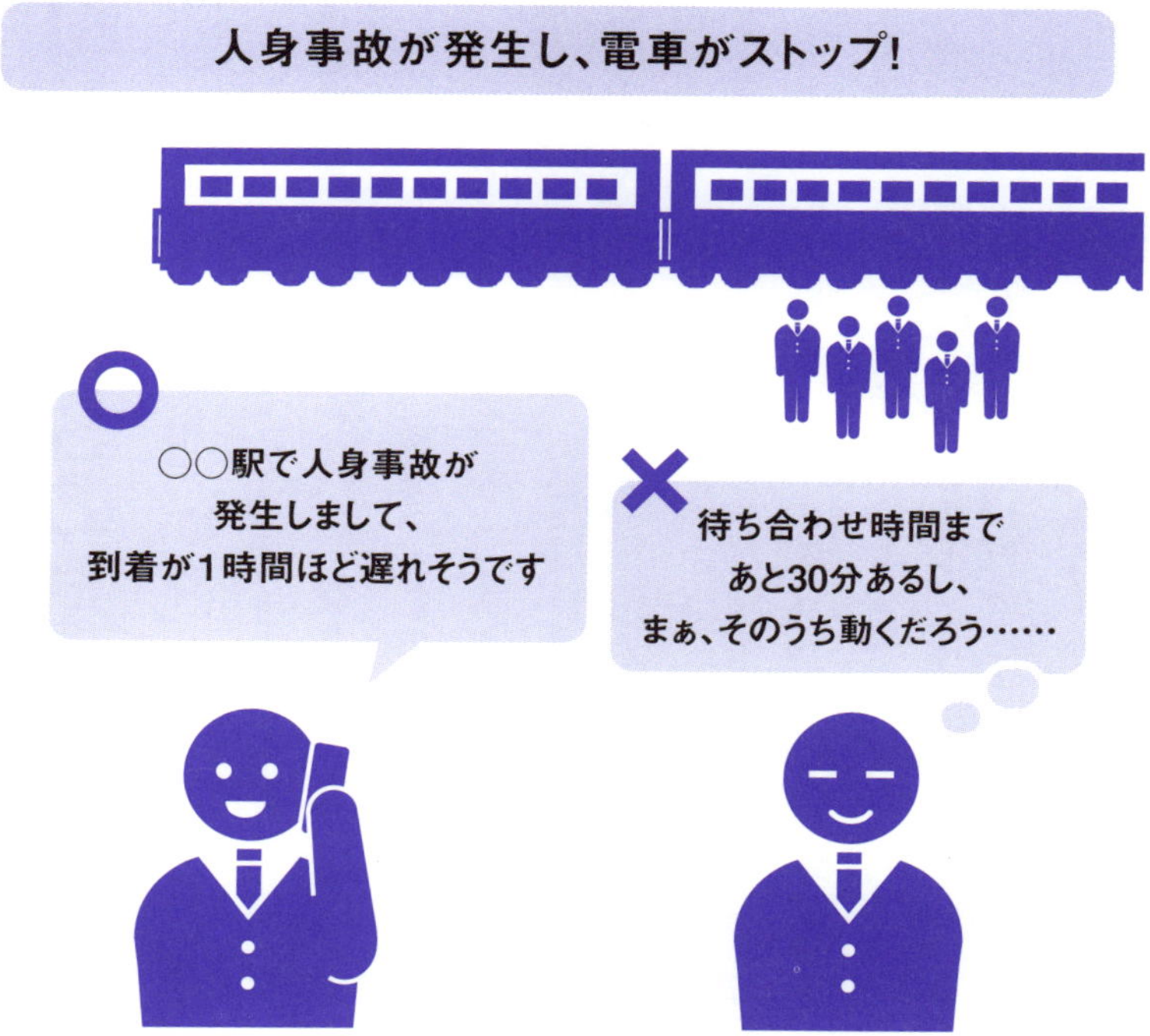
人身事故が発生し、電車がストップ!
○○駅で人身事故が
発生しまして、
到着が1時間ほど遅れそうです
待ち合わせ時間まで
あと30分あるし、
まぁ、そのうち動くだろう……

「そのうち動くだろう」と悠長にかまえて、何も手を打たずにいると、長引いたときに、取引先や会社の人に迷惑がかかる。少しでも遅刻の可能性があったらすぐに連絡を。運転再開の見通しがつかなければ、「到着時刻の見込みがつき次第、改めてご連絡いたします」と伝えよう

3-17

上司からSNSの友達申請がきたら?

「プライベート用だから」と断ってもいいが、場合にもよる

▼課やチーム全体で使っているというなら、つながっておくのが賢明

近年、悩む人が増えているのが、職場の人とのSNSの使い方です。「できれば、同じ職場の人と、フェイスブック(FB)やLINEではつながりたくない」。そう考えている人は少なくないでしょう。FBでつながればプライベートの自分の姿が見られてしまいますし、どちらも「既読機能」があるので、「既読スルーするなよ」と言われるのが怖いというのもあるでしょう。

しかし、すでに課やチームでLINEなどのグループをつくっていて、上司や先輩が頻繁に業務連絡をし合っているなら、断らずにつながるしかありません。こうしたことを踏まえると、**LINEやFBにはあまり過激な投稿は控えたほうがよい**と言えます。LINEに関しては携帯を2台持ちして、仕事用とプライベート用を分けるのも一つの手です。

ただ、仕事で使っているわけではないのに、上司から友達申請がきた場合は、「完全にプライベートで使っているので、申し訳ありません」と断ってもよいでしょう。

SNSでやってはいけないこんなこと

会社の出来事を不用意に投稿する

不用意な投稿は、会社の機密情報を漏らす元になるので、やめておいたほうが無難。投稿するときには、文章・写真共に細心の注意を払おう

上司や取引先の悪口を書く

上司や取引先とつながっていなくても、伏せ字で書いても、悪口を書くのは危険。どこでどう伝わるかわからない。また、ネガティブな投稿はあなたのイメージダウンにもつながる

初対面の取引先に友達申請する

友達の数を増やしたいからといって、まだ気心が知れていない取引先の人に友達申請すると、嫌がられる。OKしてもらえたとしても、渋々の場合もあるので、ご注意を

コラム

セクハラにあったら、どう対応する?

上司や先輩からセクハラ（セクシュアルハラスメント。性的嫌がらせ）にあった……。最近では女性だけでなく、男性に対するセクハラも取り沙汰されています。ひわいな言動だけでなく、強姦まがいのことをしてくる人もいるようです。

セクハラにあったとき、「騒いだら、せっかく入れた会社にいられなくなるかもしれない」と泣き寝入りしている人も多いようですが、それではいつまでも嫌がらせは続きます。もしセクハラにあったら、毅然とした態度で対応しましょう。

まず大切なのは、拒絶の意思をはっきりと示すこと。そうでないと、「彼女は嫌がっていなかったから」などと言い訳の余地を与えます。IC レコーダーで会話の内容を録音したり、いつどんなところで何をされたかをメモしておくと、重要な参考資料になります。

その上で、会社に相談窓口があるなら、そこで対策を相談しましょう。信頼できる上司がいるなら、その人に相談するのもOK。どちらもない場合でも、都道府県の労働局雇用均等室にある相談窓口に電話すれば、専門の相談員が相談に応じてくれます。

第4章

モチベーションを管理しよう

4-01

「石の上にも三年」はウソ?

社会人の基礎を学ぶ大切な期間

▼手厚い教育は新入社員の特権

「石の上にも三年」。そう言われるのは、**新入社員時代の数年は社会人としての基礎教育を受ける大切な期間**だからです。社会人としての基礎を身につけたかどうかで、ヘタをすれば生涯の明暗を分けるほどの差がつきます。ですから多くの企業、とりわけ大企業は、新入社員に対して手厚い教育を施すわけです。ビジネスマナー、業界動向、企業のビジネスモデル、各部門の役割、商品・サービスなど懇切丁寧に教えてくれます。

配属先が決まると、次は専門職や管理職になるためのオン・ザ・ジョブトレーニングが始まります。その後も、様々な教育が施され、3年から5年すると、ようやく一人前の社員に育ちます。ここまできて、やっとステップアップの転職が可能になるわけです。

もちろん、現在のように変化が激しく、また教育費を削っている時代はすべてを会社任せにすればいいというわけではありません。「この仕事をマスターするのに何年かかるか?」という自分なりのモノサシは常に持っておくことが大切です。

最初の3年間は基礎を学ぶ大事な期間

石の上にも三年

社会人としての土台ができ、着々と実力を蓄えている

社会人としての基本がわかってきた。そろそろリーダーシップを学びたい

1年で転職

基礎がないから実力が積み上がらない

会社が保守的で古臭くて合わないなぁ。もっといい会社を探さなくては

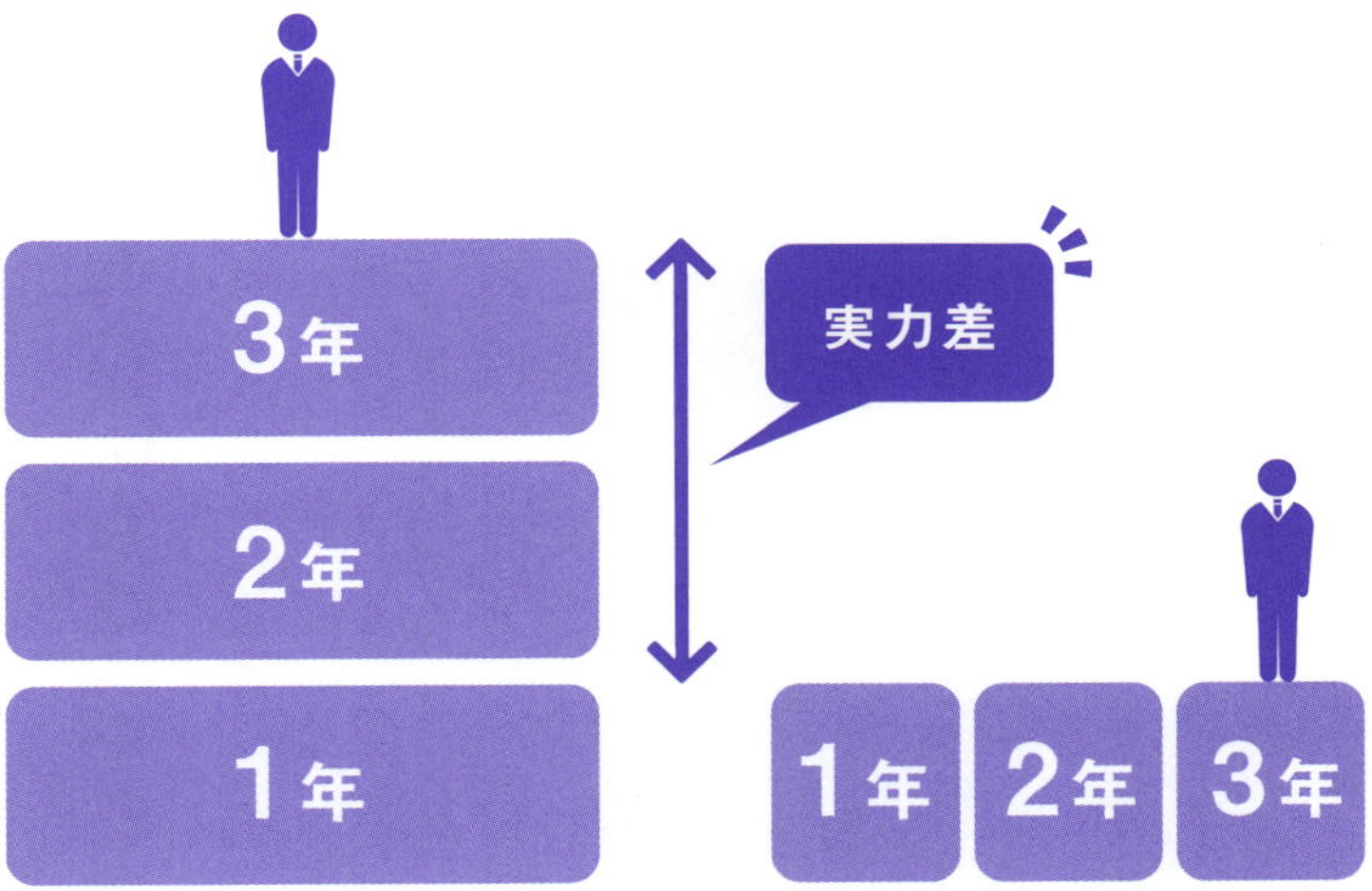

スポーツや勉強などと同様に、社会人も基礎が必要。1年で会社を辞めれば、根回しや調整など、社会人として行動するためのABCを習うチャンスを失う

4-02

仕事に楽しい・楽しくないが生まれる理由

楽しくなるためには全体像の把握が必須

▼新人が楽しくないのは当たり前

せっかく希望の会社に入れたのに、仕事がつまらなくてガッカリ……。多くの新入社員が、こんな思いをします。でも安心してください。新入社員が最初から楽しいと思える仕事は、そもそも世の中にはほとんどありません。理由はいくつかあります。一つは、仕事全体の流れがわからないから。小説でもワンシーンだけ読んでも面白くないのと同じです。二つ目は、新人は言われたことをそのままやることに必死だから。仕事は「効率をあげるには？」「もっと成果をあげるにはどうすれば？」といった工夫をするところに面白さがあるものですが、新人には、そんなことを考える余裕はまだないでしょう。三つ目は、経験がないので、「隣の芝生は青く見える」の心理が働き、同期の仕事に比べて自分の仕事をつまらなく感じることです。しかし**上司が見ているのは、仕事に取り組む姿勢**です。目の前の仕事を一生懸命やれば、「アイツは熱心だ」と上司は次のステップの仕事に引き上げてくれます。いずれにしても、**まじめに取り組めば、自然に仕事は楽しくなる**ものです。

経験を積みスキルが高くなると仕事が面白くなる

業界、組織、商品やサービスの流れなどがわかれば、ひとつひとつの作業の意味を理解できる。すると工夫すべき点がわかり、仕事に創造性が生まれるので面白くなる

4-03

慣れた仕事から上手にステップアップしよう

「この仕事をさせたら損」と思わせる

▼上司が恐れるリスクは「部下の失敗」

たまには新人に仕事を与える上司の立場から考えてみましょう。

新入社員に新しい仕事を与えることは、上司にとってはリスクです。そもそも初めての仕事は誰でも失敗する可能性が高い上に、新人の力量は未知数。慣れている部下に仕事を与えたくなるのは当然でしょう。こうした不利な条件下で仕事を与えてもらうためにはどうすればいいのでしょうか。ズバリ、「雑用させておくのは損かも」と思わせることです。

上司の役割の一つは高い利益をあげること。部下に能力以下の仕事をさせれば、損をします。ですから、まずは、**自分が能力以下の仕事を与えられていることをアピールしましょう**。例えば、すぐに仕事が終わってしまい、いかにもヒマそうに見せる。あるいは「これだけの時間で、ここまで調べた?」と驚かれるほどの成果を出す。いずれにしても上司に「もったいない」と思わせればしめたものです。

次は、きっと、ワンランク上の仕事をふってくれるはずです。

能力を持て余していることをアピール

ふつうレベルの新入社員

余裕の新入社員

上司の使命は利益の最大化なので、部下には能力いっぱいの仕事を望む。「コイツに能力以下の仕事を与えた」と損失に気づけば、レベルの高い仕事にシフトさせる

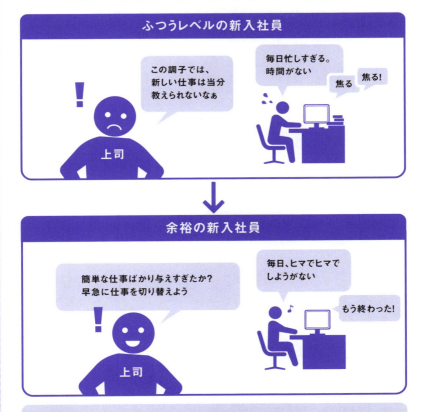

4-04

モチベーションが湧かないときの対処法

モチベーションの原動力は「怒り」と「あこがれ」

▼まずは「あこがれ」の人をつくろう

ライバルたちと競いながら未知の仕事に挑戦していくためには高いモチベーションが不可欠です。ところが、なかなかモチベーションが湧いてこないという人は少なくありません。そういう人は、まず、できない理由を考えるのをやめましょう。**自分の欠点を並べれば、モチベーションが下がるだけ**です。

それよりもモチベーションをあげる方法にトライしましょう。すぐ効果が出るのは「怒り」の感情の利用です。「今に見てろ」「このままでは終わらない」といった、あの悔しい感情です。欠点は、怒りが収まれば効果が薄れること。効果が持続しないわけです。

そこまでの瞬発力はありませんが長続きする方法は、「あの人みたいになりたい」と思う「あこがれ」です。対象は経営者でも、クリエイターでも、スポーツ選手でもかまいません。その人に一歩でも近づきたいとモチベーションが刺激され、「自分と同年代のとき、どうしていたのか」「どんな努力をしてきたのか」などを調べてマネするようになります。

モチベーションの原動力を知る

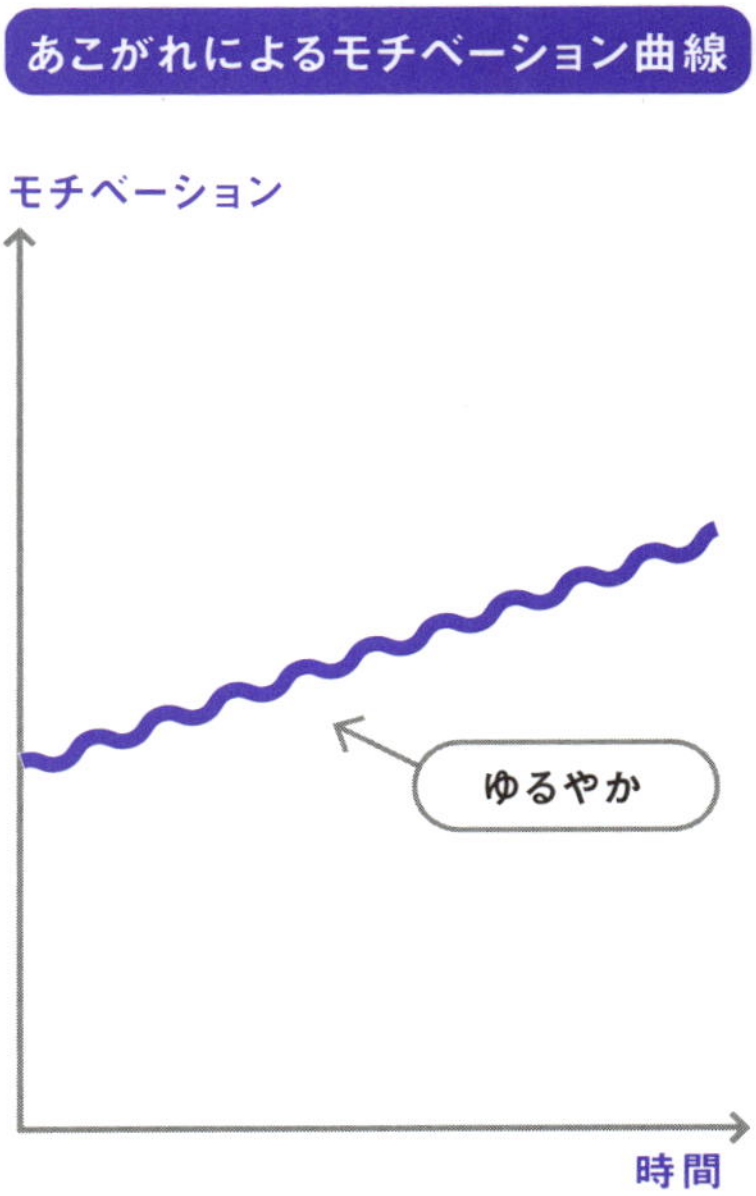

モチベーションの上がり方は穏やかだが、下がることもなく持続力が高い

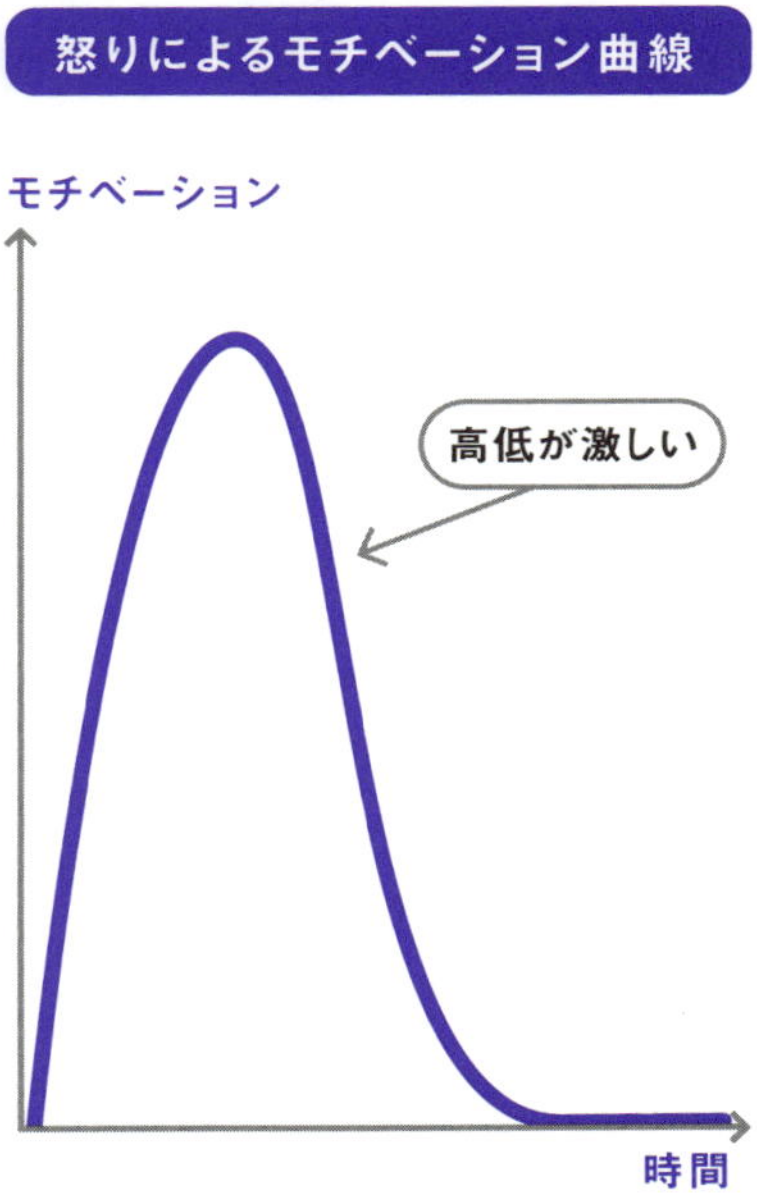

急激にモチベーションが上昇するが、怒りが収まると急激に下がっていく

モチベーションをあげるのに有効な方法は「今に見てろ」と思う激しい怒りの感情と「この人みたいになりたい」といったあこがれの心。特徴をつかみ臨機応変に使い分けたい

4-05

成功・失敗したときのメールをとっておこう

「悔しい」気持ちを思い出してモチベーションに火をつける

▼時には良いメールを読み返して自信をつける

前ページのように、仕事でプライドを傷つけられた「怒り」は、すぐに「今に見てろ‼」という高いモチベーションに転換します。それなら、今すぐにモチベーションを高めたいときには怒ればいいわけです。

徳川家康は、三方ヶ原の戦いで敗れたとき、すぐに逃げ帰った自分の情けない顔の肖像画を描かせました。ここぞというときにそれを眺め、天下取りに向けてのモチベーションを高めたのでしょう。同様の効果を手軽に得られるのが、悔しいメールです。新人のときには、様々な失敗をするので叱咤のメールがたくさんくるはずです。それを捨てずに取っておき、すぐモチベーションをあげたいときに読み返すのです。すると、腹立たしい感情が蘇り、モチベーションは一挙にあがります。ただし、これはあくまでもカンフル剤。通常は、**ほめられたときのメールを読み返して、「がんばろう」とモチベーションをあげるほうが健全**です。

悔しいメールはモチベーションのカンフル剤

怒りのモチベーションアップ

即効性が高い。何度も読み返せば個人的恨みに発展するので期間を区切って破棄

うれしいメールでゆるやかにモチベーションアップ

こんな気持ちを再び味わいたいとモチベーションがゆるやかに上昇。毎日眺めてもOK

うれしいメールを保存して時折眺めてモチベーションを高める人は多いが、今すぐモチベーションを高めたいなら腹立たしいメールが効果抜群。捨てずに取っておこう

4-06

正しい夢を見据えよう

夢はむりやり探すものではなく湧き出るもの

見えてくるまでゆっくり待とう

十数年前、自己啓発本の分野で一種の「夢実現」ブームが起こりました。しかし、多くの人は、そもそも実現したい夢などないものです。ですが、純粋な若者は「具体的な夢を持ってない」ことに悩み、結果「夢の見つけ方」を説いた書籍が登場するようになりました。

そもそも人間には2タイプあります。一つは、ミュージシャンやスポーツ選手といった、子供のときの夢、学生のときの夢など、コレと決めた夢に向かって人生をかけて邁進するタイプ。素敵なことですが、失敗する可能性が高い危険な選択とも言えます。

もう一つが、現状の自分に可能な進路を選択するタイプ。大半の人はこちらでしょう。会社員はその典型ですが、そこには学生が理解できるようなわかりやすい夢（＝仕事）はありません。しかし、**目の前の仕事をコツコツやるうちに視野が広がり、やがて会社や社会で具体的にやりたいこと、やるべきことが見えてきます**。このように心から湧き出るものが「夢」と言われるものなのです。

目の前のことを一生懸命やることで見えてくる

夢

↑

自分

夢に向かって迷わず突進
コレ以外の道はないと、実現したい夢がはっきりしている

安全な街づくりをしたい
＝
夢

↑

街のバリアフリーが整備されていない

↑

高齢者のバリアフリーが重要だ!

↑

住宅メーカー入社

↑ たまたま

自分

夢はやがて現れる
たとえば、たまたま受かった住宅メーカーで真剣に働くことで夢が見えてくる

大半の人は夢どころか、希望とは違う業界、会社、部署で働いている。しかし、真剣に仕事をしているうちに、自分にとっての理想が見え、やがて夢が生まれてくる

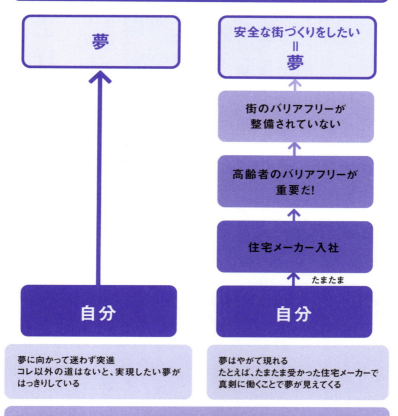

4-07

キャリアプランは小刻みに

あらかじめ期間を決めて一つのテーマに挑戦する

▼20代は自分に枠を設けず、とにかくがむしゃらにやってみる

終身雇用が崩れるとともに、キャリアプランを会社任せにする時代は終わり、自分で考える時代になりました。しかし、現在は企業買収や倒産、突然のリストラなどが当たり前。将来がわからないので、キャリアプランを描くのはなかなか難しいものです。

そこで、**不確実な未来予測に基づいた長期プランではなく、期間を区切って一つのテーマに挑戦する短中期プランにすべき**でしょう。たとえば社会人になってから最初の5年間は、自分の適性に合った仕事を探すためにがむしゃらにチャレンジする。次の5年間は適性に合った仕事に専念し、その次の5年間は利益をあげることを考えて仕事をする、といった具合です。もっと具体的なプランを立てたい人は、「この1年は人脈づくりにチャレンジしてみる」「3年間で絶対英語を身につける」といった短期の目標を立てるのもいいでしょう。キャリアは、このような必要に応じて定めた目標を達成することで積み上がっていくものなのです。

先が見えない時代は短期・中期プランで乗り切る

未来に向かって一直線の長期キャリアプラン

未来がわからない時代に長期のキャリアプランをつくるのは危険

状況変化に応じてこまめにプランを修正

短中期ごとにプランを作成しなおす上に修正も加えるので時代の変化を反映しやすい

1年先、2年先の予測すら難しい時代は、長期のキャリアプランを立てるのではなく、短期・中期のキャリアプランをこまめに修正することが現実的なキャリアにつながる

4-08

仕事も組織もすべて俯瞰で見よう

長期的、あるいは広い視野で考えれば一喜一憂しない

視野の足りない部分を補うには

会社の花形部門に配属されると多くの人は喜びますが、市場規模もわからないような新規事業部に配属されるとガッカリする人は少なくありません。しかし5年、10年、あるいは20年のスパンで見たらどうでしょうか。新規事業部に会社が期待していることは次の花形部門にすることです。逆に花形部門は、すでに成熟段階にあるので、近い将来、売却されたり、縮小したりする可能性は大です。このように俯瞰で物事を見ると、同じ仕事がまったく違って見えます。しかし、**俯瞰で見るためには業界動向、経済環境、取引先情報をはじめ様々な情報や知識が必要なので、いきなりは無理**でしょう。

そこでお勧めなのが「**聞き耳を立てる**」こと。広い視野で考える上席の人たちの会話を聞くことです。例えば会議の議事録の作成などを買って出たりすれば上席の人たちの議論を聞くチャンスが得られるでしょう。また、年頭の社長のあいさつ、社内報の役員同士の対談などもヒントになります。少し注意するだけで視野はぐっと広がります。

「虫の目」と「鳥の目」では見え方がまるで違う

エコ関連の新規事業部ができた

虫の目		鳥の目
売上に貢献しない金食い虫	→	将来の会社の牽引部門をつくるための投資
今さら、この技術を使うのか	→	他の業界では注目技術
市場がないのに、どうするの?	→	新しい市場だからチャンス大

長期的視点、広い視野……。鳥の目とも言われる俯瞰で見れば、虫の目で見ていたときと価値観が逆転することは多い。がっかりする前に、「虫の目」「鳥の目」で検証してみよう

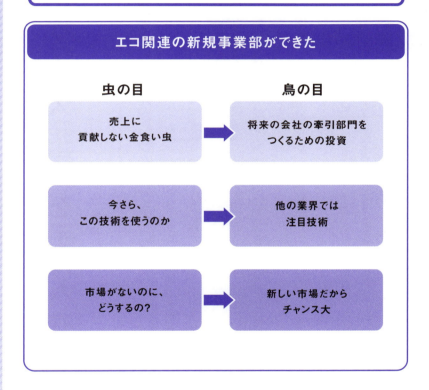

4-09

「リソース発想」を手に入れよう

自分を会社の一つのリソースと考えてみる

▼不満や悩みのレベルがワンランクアップする

「あの部署に行きたかった」「何でこんなにつまらない仕事ばかりさせられるんだ」……。

新入社員の心は不満でいっぱいです。それは、仕事や会社を「自分」というフィルターを通して見ているからです。それでは、ちょっと視点を変えて、会社の視点から見てみましょう。会社にとって従業員は、机や工場やお金などと同様、リソースの一つにしか過ぎません。**会社の使命は、リソースを最適に組み合わせて高い利益をあげる**ことです。仮に自分が「会社」だったらどうするでしょうか？　このように自分もリソースの一つとして客観的に物事を考えるのが「リソース発想」です。リソースとは資源のこと。ヒト、モノ、カネ、情報と言われることが多いですが、要は会社が有する持ち駒のことです。

たとえば、細かいことに口うるさく、つまらない仕事ばかりさせる上司がいたとします。自分発想なら「なんて小さな人間だ」と批判に終始します。でも「リソース発想」なら、その上司を必要とする部署をいくつも思いつくし、口うるさい理由も理解できるはずです。

すべてを客観視できる「リソース発想」

自分中心の自分発想では、
ヒト・モノ・カネ等の関係性を考えないので批判が増える

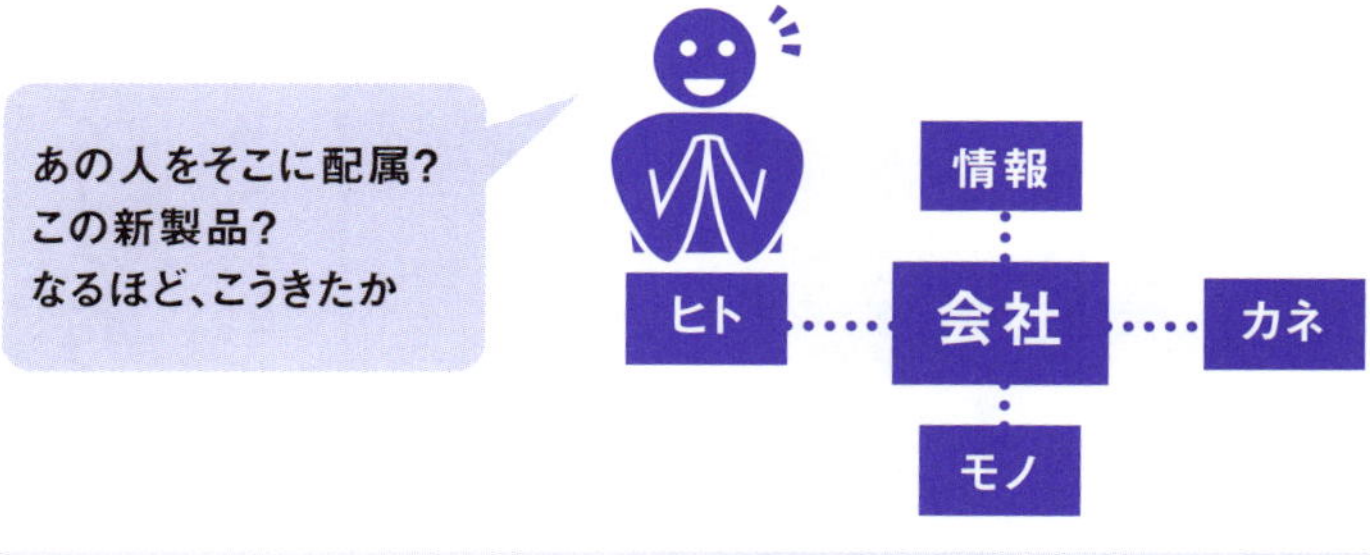

リソース発想に立てば、
ヒト・モノ・カネ等の最適な組み合わせという観点から物事を考える

自分というフィルターを通す自分発想では、無意識のうちに自分に対するメリットの有無で物事を見てしまう。だから、自分を評価しない上司がやたらとレベルが低い人間に見えたりするわけだ。しかしリソース発想で物事を考えれば、自分の足りない面、上司の優れた面なども見えてくる

4-10

ストレスは自分でかけろ

やらされ感がなくなれば心身の負担はなくなる

▼良いストレス　悪いストレス

「いついつまでに、これをやっておいて」「半年も経つのに、まだ、この業務ができないの？」「3年以内に、この資格を取っておいて」……。

社会人になると、あちらこちらからプレッシャーをかけられ、ストレスはたまる一方です。あまりにストレスが強くかかれば、心身に悪影響を与えます。だからといってストレスを避けるのは考えもの。ストレスがなければ人間はなかなか動かないからです。ストレスは、自分を成長させるための、ある意味、カンフル剤にもなるわけです。

ストレスと上手につきあうためには、どうすればいいのでしょうか？　それは、**他人にストレスをかけられる前に、自分で自分にストレスをかける**、つまり他人にやらされるのではなく、自分の意思でやることです。会社に居続けるのも、この仕事をやっているのも、すべて自分の意思。だから、そのための努力をしなければいけないわけです。やらされ感がなくなれば、負の感情は消え、ストレスのメリットを享受できるようになります。

ストレスは成長するための栄養源

ストレスがないと……

やることがあっても、
つい先延ばしししてしまう

他人にかけられるストレス

自分のペースが乱されるし、
人に言われてやっているので
達成してもうれしくない

自分でかけるストレス

自分で決めたことだから
モチベーションがあがるし、
達成できれば自信も湧く

人間はストレスがかからないとなかなか動かない。だから、ある程度のストレスは必要だが、他人からあれこれプレッシャーをかけられるとペースを乱されて楽しくない。お勧めなのは自分で自分にプレッシャーを与えるセルフストレスだ

4-11

デキる人をマネるなら「志」と「こだわり」

小物やファッションをマネするだけではダメ

▼「志」と「こだわり」がビジネススタイルを決める

デキるビジネスマンの仕事スタイルには、その人の「志」や「こだわり」が色濃く反映されているものです。例えば、「廃棄物を一切出さないゼロ・エミッション社会を作りたい」という志を持って働いている人なら、当然、自然エネルギーやリサイクル市場に関連する取引先開拓に力が入るし、事業化にあたっては驚くほどの粘りを見せるでしょう。「廃棄物を出さないなんて無理だよ」などと否定されても、相手が誰であろうと、きちっと反論するはずです。実際にゼロ・エミッション関連市場が伸びれば、先見性のあるデキるビジネスマンと評価され、一目おかれる存在になります。

「**学ぶは真似ぶ**」と言われるように、こうした先輩にあこがれてマネすることは成長の早道です。ただし、**最優先でマネすべきは、仕事における「志」や「こだわり」の持ち方**。会話のチャンスなどがあれば、ぜひ聞いてみましょう。そうした本人のバックボーンに関する話は、若い人の教育に役立つ上に本人も楽しいので喜んで話してくれるはずです。

成長の早道はデキる先輩をマネすること

こだわりや志を聞くための質問例

デキる先輩とゆっくり話す機会があったら、どんどん質問しよう。
「こんなこと聞いて大丈夫かな？」などとは思う必要なし。
ポジティブな質問なら喜んで答えてくれるはずだ

**前から伺いたかったのですが、
先輩は、そもそも、どうして、うちの会社を選んだのですか？**

役員をはじめ、この事業に対する反対派は多かったと聞いています。どうしてがんばれたのですか？

先輩ってどんな新入社員だったのですか？

新入社員時代に最優先でやっておくべきことって何でしょうか？

デキる先輩を見つけたらマネしてみる。これは自分を成長させる効果的な方法だ。先輩のファッションや小物や仕草などカタチから入ることも、モチベーションをあげるためには有効だが、まずはマネすべき志やこだわりをリサーチしよう

4-12 一つ上の役職で物事を考えよう

実際に職位があがったときの予行演習

▼役職があがっても部下は違和感を感じない

会社に勤めていれば、役職が少しずつあがっていきます。そのための準備として、常に一つ上の役職で物事を考えることが重要です。その理由は、当たり前のことですが、役職があがったからといって、その役職に必要なマネージメントスキルが身につくわけではないからです。あらかじめ準備をしていなければ、明らかに能力不足のまま、上の役職を務めることになります。部下の中には能力不足を指摘する人、冷ややかに見ている人などが現れるかもしれません。そうした中で、役職にふさわしい能力を獲得する努力を続けるのは大変です。もっとも大半の人は、こうしたケースでしょう。

それに対して、**最初からあたかも上の役職にいるような視点で考えたり、発言したりする練習を積んでおけば、実際に役職があがったときに慌てずに済みます。** 1つ上の役職で考える具体的なアプローチとしては、その対象となる上司の仕事を1つでも取ることです。「お手伝いします」の数を増やす。そのうち、「もうこれは君に任せるから」となります。

上の役職の視点から自分の役職を眺めてみる

一つ上の職位で物事を考えるクセがつけば、何が最優先かよくわかり、判断に迷わなくなるし、行動にブレもなくなる

例えば、主任同士はライバルだが、課長から見れば同じ部下。仮に主任も課長目線で考えれば、足の引っ張り合いなどせずに協力しあうようになる

4-13

レールからはみ出す勇気を持とう

前例にこだわればイノベーションは起こらない

「生意気」と言われたらほめ言葉と受け取ろう

「大企業に入ったから一生安泰」「これからはレールに乗った人生が始まる」……。残念ながら、そんな時代はとっくに終わりました。今は、情報化、グローバル化などによって企業を取り巻く環境の変化が非常に激しくなったからです。事業の縮小、M&Aなどは日常茶飯事になり、レールは曲がったり、短くなってしまいました。**頃合いを見て、レールからはみ出したり、自分でレールを敷いたり、別のレールに乗り換えることも必要**でしょう。

しかし、人事部からは指示以外のレールを走る人は困りもの扱いされます。会社の規約などに当てはまらなくなるからです。時には生意気だと嫌がらせを受けるかもしれません。それでもあえて、レールからはみ出すことをお勧めします。その理由は、「他社がやってないならやめておこう」「他社がやったならうちもやろう」といった具合に、いつのまにか前例があることしかやらない人間になるからです。**生意気はほめ言葉。新しいこと、すばらしいことを見つけたら、どんどんチャレンジしましょう。**

怖いのはレールから降りられなくなること

キャー
ガケ
考える力を失えば、危険な方向にレールが敷かれていても気づかない

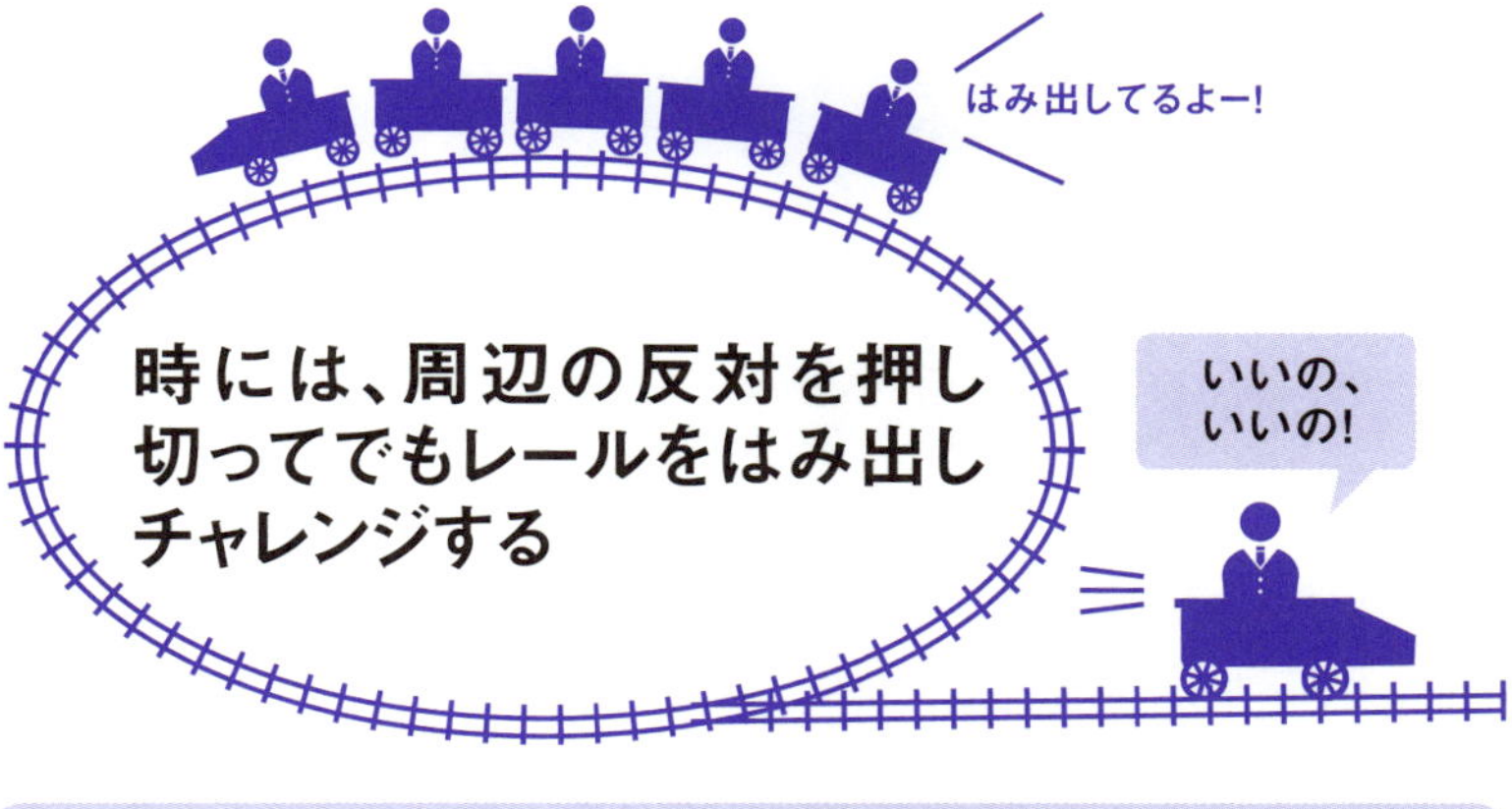
はみ出してるよー!
時には、周辺の反対を押し切ってでもレールをはみ出しチャレンジする
いいの、いいの!

会社に長年いるうちに、いつのまにか会社内の発想、業界内の発想しかできなくなる。そうならないためには会社の常識を恐れず、新しいことにどんどんチャレンジしたい

4-14

誘いを断り勉強時間を確保しよう

同僚と愚痴を言い合っても何も生まれない

▼今、本当に必要なことは何かを考えれば孤独は怖くない

新人の頃はやることが満載です。まず、ラッシュにもまれて通勤する会社員というライフスタイルに慣れなければなりません。もちろん仕事を覚えるのが最優先です。さらに、できれば業界事情、さらに経済環境など関連情報も知っておきたいものです。英語能力を高めたり、会計の知識を仕入れたりしたいと考える人もいるでしょう。ところが、**社会人は学生時代とは比べものにならないほど時間を拘束されます**。

ただでさえ自由な時間が少なく、昼休みは同僚と一緒、アフター5は飲み会などと、勉強する時間はなくなります。コミュニケーションは大切ですが、半人前のうちは何よりも勉強が大切です。同期と愚痴を言うような飲み会に参加する時間はないはずです。そんなことをしたら「情報が入ってこないのでは？」と心配する人もいますが、新入社員に伝わる情報など、そもそも大したレベルの話ではありません。新入社員は、勉強最優先にしたいものです。**力がつけば、仕事も遊びも境界線がなくなりどちらも楽しい世界になります**。

新入社員は勉強最優先

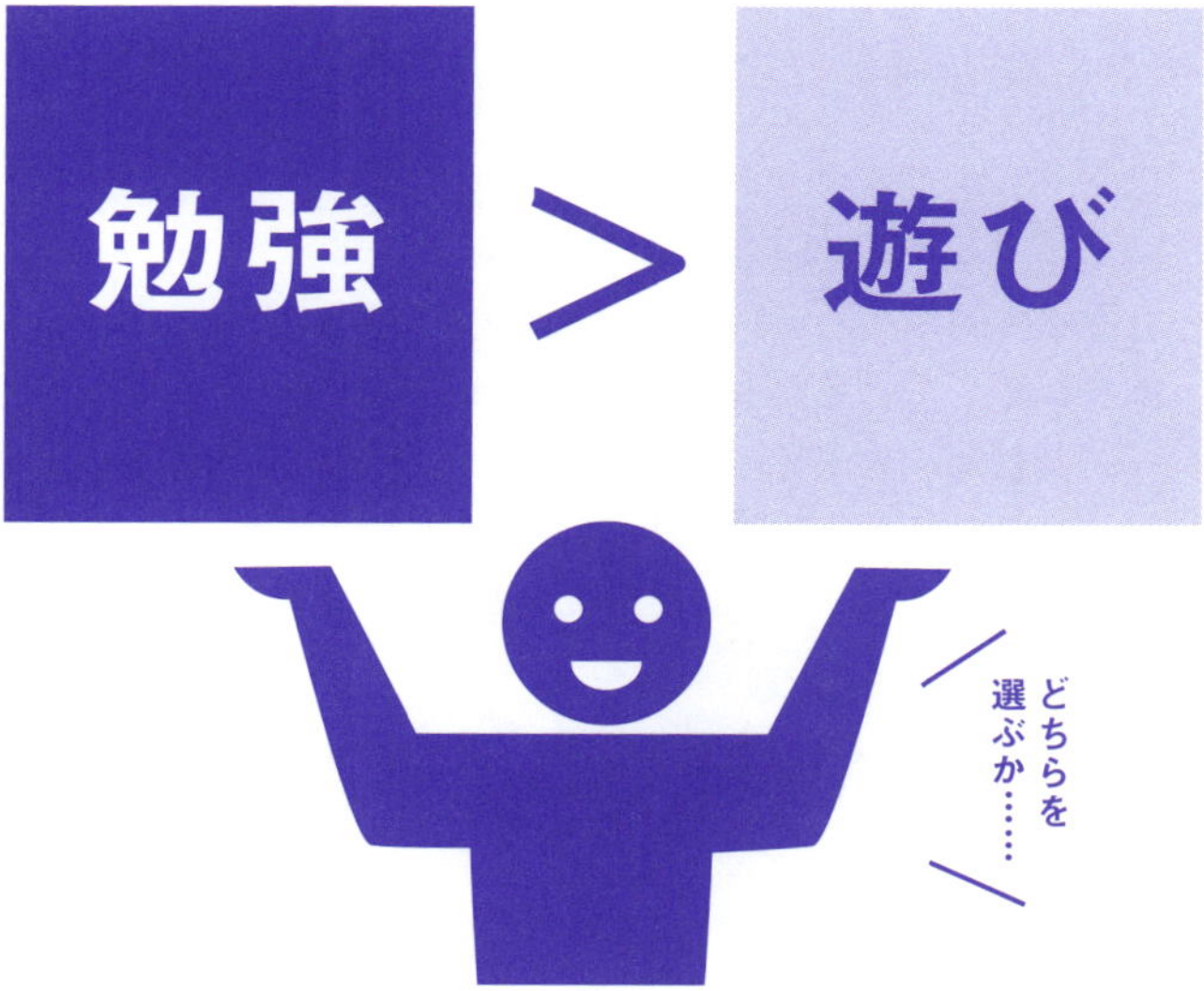

社会人1年目はとにかく時間が足りない!
力がつくまでは勉強を優先しよう

新入社員時代は、新しい仲間と出会う楽しい時期でもある。しかし、新人のときは、仕事を覚える大切な期間なので酒を楽しんでいる余裕はない。遊びの誘いを断る勇気も必要だ

コラム

真のワークライフバランスとは?

「ワークライフバランス」という考え方が広がったのは、バブル崩壊後です。2007 年には内閣府が「仕事と生活の調和(ワークライフバランス)憲章」を発表し、推奨しました。その背景はいくつかあります。

一つ目は、働き過ぎで過労死する人が続出したこと。バブルの頃までは「24 時間働けますか?」というCMが大ヒットするくらいに、ブラック企業顔負けの働き方が美徳とされていました。

二つ目は、少子高齢化の進展。雇用機会均等法や共稼ぎの増加によって仕事に忙しい女性が増え、子供を産まなくなりました。

そして三つ目が、終身雇用の崩壊や平均寿命の延び。会社がつぶれても、定年後も仕事をキープできる人間でいるためには、学校などに通って定期的に知識やスキルをブラッシュアップする必要がでてきました。

このように、そもそもは「休息」「家庭生活」「勉強」などに充てる時間を確保することが目的でしたが、現在は「遊びや趣味とのバランス」と考える人が増えてきたようです。何をもって「仕事と生活との調和」と考えるかは個人の自由ですが、遊びを奨励しているわけではないことは心の片隅に置いておきたいものです。

第5章

日頃から「問題解決能力」を磨いておく

5-01

社会人1年目でも問題解決能力が必要

先の見えない時代を生き抜くツールとして

▼見えにくいニーズを汲み取れ

ビジネスマンに最も必要な能力は何か？　その答えは「問題解決力」に尽きます。なぜか？　会社の仕事は、とどのつまり、誰かの抱えた問題を「解決する」ことで生まれるからです。「もっとこんなことができたら……」というお客様の不満を解決する商品やサービスを提供する。社内外の業務を効率化するため、仕組みづくりや組織づくりをする。営業職でも事務職でも、もちろん企画職でも、問題を解決する力が不可欠なわけです。

しかし、悩ましいのは、今の時代、この「問題解決」が、かつてよりずっと難しくなっていることです。社会が成熟し、人々の価値観が多様化しました。誰しも飛びつく流行も生まれづらくなりました。ようするに**顧客が抱える問題やニーズが千差万別になり、見えにくくなった**のです。だからこそ、**社会人1年のときから、しっかりと問題解決力を磨いておく必要があります**。先の見えない、答えがわかりづらい時代に、自分の頭で考え、斬新な発想で複雑な問題も解決する。その術を、今のうちから育んでおく必要があるのです。

答えが見えない時代は問題解決力が不可欠

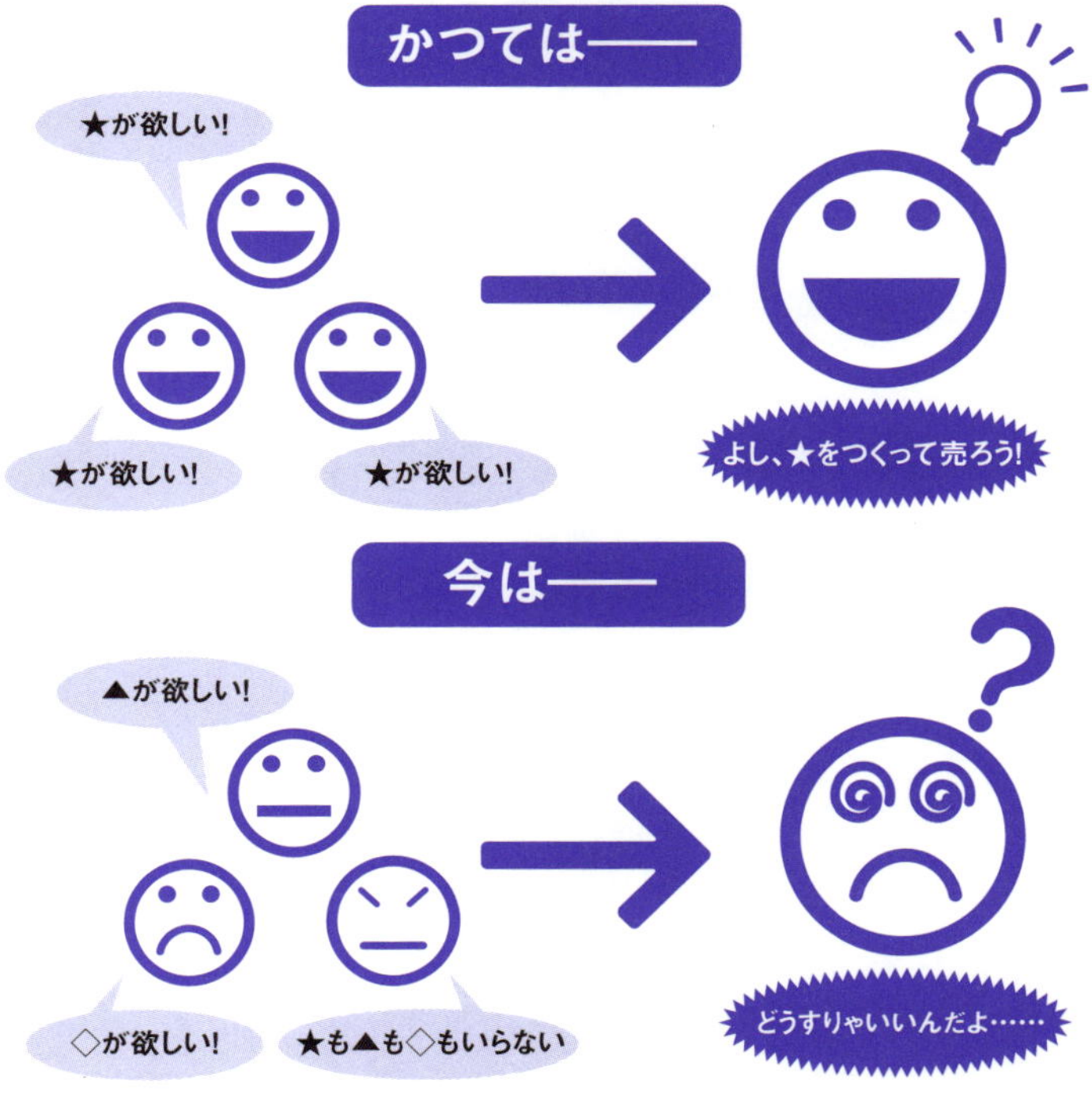

ブレイクスルーとなる斬新な発想につながる問題解決力アップが不可欠な世の中になってきた!

かつては人々が欲しいものが比較的同じで、目指す幸せの形も似通っていた。しかし、成熟した現代の日本では、人々の「欲しいモノやコト」の形は千差万別

5-02

異業種にこそヒントがある！

情報収集力を磨こう

▼オフィスグリコのヒントは野菜即売所!?

問題解決力を養うためのファーストステップが、適切な「情報収集」をすることです。美味しい料理をつくりたいなら、まず食材を揃える必要があります。正しい「仕入れ」なくして、美味しい料理も、斬新な発想も生まれない、というわけです。

ただ気をつけたいのは、ビジネスにおいて情報を集めようとすると「自分の業界」の情報ばかり集めがちなこと。しかし、それだけでは当たり前のアイデアしか浮かびません。

例えば、オフィスに無料で設置する菓子専用ボックス「オフィスグリコ」というサービスがあります。菓子を食べたい人は、箱の上の貯金箱のようなところにお金を入れ、菓子をとり、補充時にスタッフが料金を回収するビジネスモデルです。実はヒントになったのは路上の無料野菜即売所なんです。菓子業界だけを研究していても出てこなかったアイデアだと言えるでしょう。**異業種では当たり前のことも、違う業界に持ってくると「新しい」アイデアになることは多々あります**。早くから幅広い視野を身につけておきましょう。

違う業種の「仕組み」「売り方」「儲け方」を活かそう!

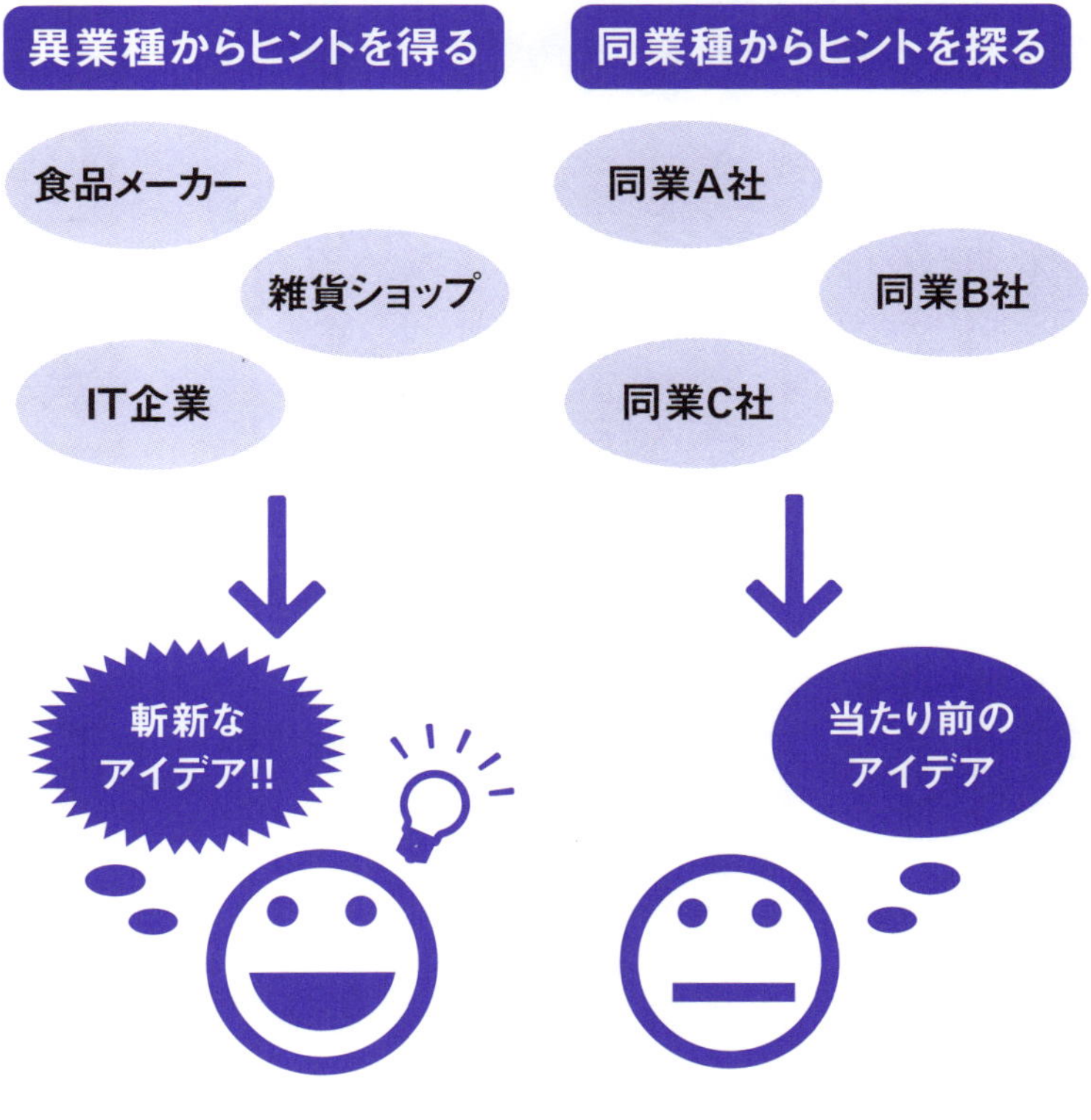

同業他社の動向をチェックするのは当然。それだけでは「当たり前」のアイデアしか出てこない。さらに上を行く発想やアイデアの芽を見つけるには、意識して異業種を見て、使えそうなアイデアを拾い集めてみよう

5-03

自分の「興味」や「センス」を信じるな

人気モノから目をそらさない

▼「好き」の感情は情報の幅を狭める

問題解決に至る思考の幅を広げるためには、情報の幅も広げる必要があります。そこで邪魔になってくるのが、あなたの「好き」という感情です。

人は自分が好きな情報は無意識にインプットするものです。例えば、あなたが日本のヒップホップが大好きならば、話題の曲は黙っていてもチェックするでしょう。しかし、好きなジャンル以外となると途端に疎くなる人は多いものです。いわば**「好き」という感情のせいで、情報に自らフィルターをかけ、インプットの幅を狭めている**わけです。

それを避けるため「好奇心のルール化」をお勧めします。好みとは別に「いま人気があるもの」には必ず触れてみる、どんなものか試してみるのです。好みでなくても「ヒット中の映画」があればまず見てみる、行列のできる飲食店には面倒がらずに並ぶのです。大勢が好み、お金を落とす場所には、必ず相応の理由があります。左ページに、こうした「好奇心のルール化」をまとめてみました。やりやすいところから実践してみましょう。

好奇心をルール化しよう

①新聞は必ず一面をチェックする

自分の関心があることだけをニュースサイトでチェックする……。それでは世の中の大きな流れをつかめない。必ず「新聞の一面」、あるいは「大手ニュースサイトのトップニュース」をチェックしよう

②人気の商品、一番の売れ筋は買ってみる

書店では「ベストセラー本」、映画は「ナンバーワン大ヒット」。自分の好みのジャンル以外でも、最も売れている商品には必ず触れよう。大勢の心を捉えている商品には、ジャンルを問わず必ず相応の理由がある

③人が多く集まる場所に行き、体験する

ラーメン好きでも「行列が絶えないうどん屋」には並んでみる。ロックファンでも「大人気のアイドルのライブ」には行ってみる。実体験でしか見えてこない本質がある

人は自分の興味のあるものしか積極的にインプットしようとしない。それでは情報の幅が狭まる。自分の興味を飛び越え、好奇心の幅を広げる「ルール」を決めてしまおう

5-04

ランチは昨日と違うメニューを選ぼう

日常を少し変えインプットを増やす

「変わりたくない」DNAに抗《あらが》ってみる

情報収集力を磨く上で、実践してほしいのが「日常を少しだけ変えてみる」ことです。それだけで新鮮な情報が大量にインプットされます。引き出しが増えれば発想が豊かになるわけです。ただ人は黙っていると、慣れ親しんだいつもと同じモノやコトを選びがちです。「昼食はあそこのA定食」「服を買うならあの店」といった具合です。

理由は私たちの中に残る野生動物のDNAにあります。動物は自然と「知った環境」を好みます。しかし、同じことの繰り返しでは新しい発見がないのは言うまでもありません。問題解決力につながる発想も得られないのです。だから、**意識して環境を変える**のです。「いつもと違うランチを食べる」「知らない駅で途中下車して知らない店に入ってみる」などー―。やりやすいことでかまいません。「**環境が人をつくる**」と言います。裏返せば、見える風景、聞こえる音、出会う相手によって、人間は簡単に変われるのです。

発想力が育つ！ 日常を“少しだけ”変える方法

①「いつもの出勤」を少し変えてみる

× 毎日同じ時間の同じ電車に乗って、同じ駅で降りて出社

○ たまには自転車で出勤。または違う駅で降りて出勤してみる

「こんなところにこんなお店が」「ここの景色はすばらしい」
いつもと違う景色が五感を刺激！

②「一番上のメニュー」を頼む

× ランチはいつもの店で、いつものメニュー

○ できるだけ「知らない店」に入り、「初めてのメニュー」を頼む

「このソース何だろう？」「なぜココは女性客が多い？」
初めての一食が気づきの厳選に

③「知らない店」に入ってみる

× 食料品はスーパーA、洋服ならB店と決まった店ばかり行く

○ あえて初めてのスーパーや商店街、セレクトショップで買い物する

「街により売れ筋や客層が違う」「自分なら何を売る？」
ワクワクしつつ発想が膨らむ！

いつもの場所、いつものメニュー、いつもの道…。意識してこうした日常を変えれば、五感から入る情報が変わる。インプットが増え、刺激が増え、アイデアの芽が自然と育つ！

5-05

頭にいつも「?」を置いておこう

ひらめきを発動させるためのコツ

▼溢れる情報に網をはるには?

異業種に触れ、日常を少し変える。それによって思考力が磨かれるとお伝えしました。ここでもう一つ大事なコツがあります。頭の中にいつも「?」を入れておくことです。私たちの脳は実に都合よくできています。目の前に情報が溢れていても、興味のある情報以外は、目や耳に入らないようにできているのです。考えてみれば当然で五感から入ってくる情報をすべて受け入れて処理しようとしたら、とても脳の容量が持ちません。

ただし、それではせっかくいつもと違う店や街を歩いたとしても、着想のヒントや刺激を得られず、ただ漫然と時を過ごす危険性があるわけです。だから「?」でひきとめる。具体的には目に見えたものに関して「なぜ?」「どうして?」と意識的に疑問をぶつける、または「自分だったらどうする?」と考えてみるクセをつけるのです。この**ちょっとした意識の持ちようがあなたの情報の蓄積を増やします**。網のようにビジネスのヒントやタネが自然とひっかかるようになり、あなたのアイデアの引き出しを増やしてくれるのです。

「?」があれば見るものすべてビジネスのタネに!

頭の中に「?」がある人

見えるもの、聞くもの、すべてに「なぜ?」を考えると、現代のニーズが見えてくる。それを自分の仕事に活かすのがデキるビジネスマン!!

頭の中に「?」がない人

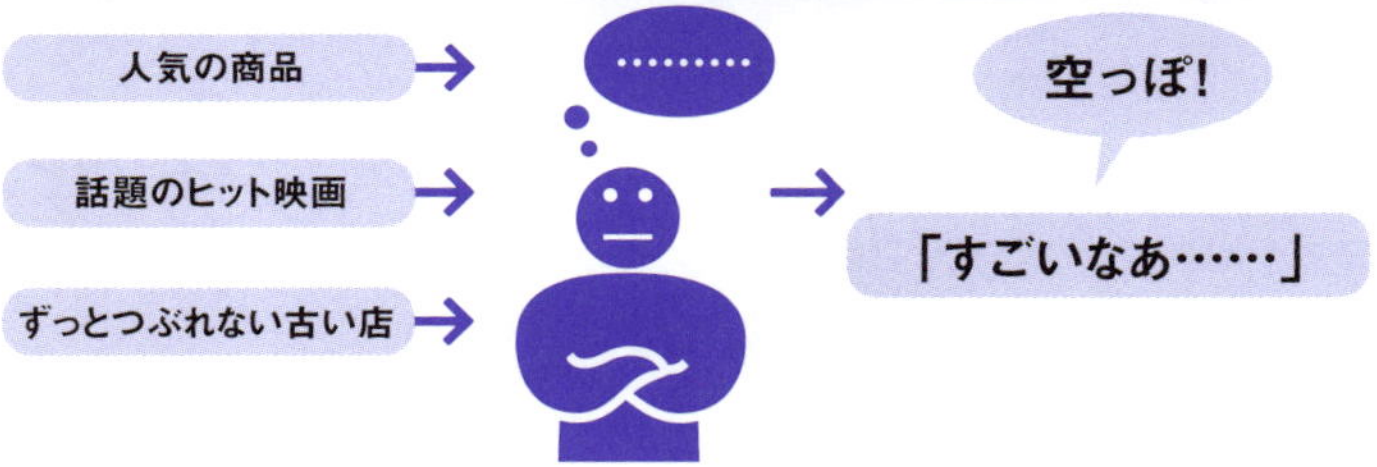

いくら情報が溢れていても、ただ漫然とそれに触れていたら何もインプットされない。むしろ「見えてこない」ことも。あまりにもったいない!

頭の中にいつも「クエスチョンマーク」を置いておくのが、情報収集のコツ。何かを見るたび「なぜだ?」「どうして?」という考える習慣をつけると、自分の仕事でも発想が豊かに!

5-06

自分の仕事は極めておく

情報を自分に引き寄せる準備

▼どんな仕事も、一歩踏み込み、貪欲に

第4章で示した通り、新入社員の頃は、なかなか大きな仕事や大事な仕事を任せられる機会は少ないもの。しかし、こうした日々のちょっとした仕事の中でも、「問題解決力」を高めるための準備ができます。それは必ず「**一歩踏み込んで仕事する**」ことです。

例えば「会議用の資料を参加者分、用意しろ」と言われたら、単に指示された資料をコピーするのではなく、必ず内容を読み込む。資料づくりのコツと共に、そこに書かれた内容から、会社がどのような方向に向かおうとしているのかが、透けて見えるからです。

また「電話営業で新規顧客を開拓しろ」と指示されたら、単にマニュアル通り話すのではなく、自社の商品・サービスを徹底研究し、競争相手の商品やサービスも調べ、そして自社製品とも比較しておきましょう。これだけで勧める言葉に臨場感が生まれるのに加え、「自社が改善すべき点」や「競合に勝つには何が必要か」といった問題解決にも近づけます。

目の前の仕事には、あらゆる学びのエッセンスが含まれているのです。

どんな仕事でも「少し踏み込んで」やる習慣を

どんな仕事でも、会社全体・競合他社・業界全体・カイゼン案など、頭の中に必ず入れつつ、自主的に踏み込んで取り組む。すると大きな気づきとアイデアが生まれる

単純作業やルーチンワークでも、少し踏み込んで徹底してやることを習慣づけると、目の前の仕事の見え方が変わってくる。「何か改善点はないか」「もっとこうすればいいのに」という着眼点がクセになり、自然と広い視野が手に入る。また課題解決力がじわじわと身につく

5-07

「あそこにあって、うちにはない」を探す

情報変換力を駆使しよう①

「成功の変換」が一つ上の仕事を生む

今では当たり前になった宅配便ですが、実は牛丼の吉野家がヒントになっていることをご存知でしょうか？　生みの親であるヤマト運輸では、かつては他社の運輸会社同様に、商業貨物をメインにして幅広く運輸業を手がけていました。あるとき、創業者の小倉昌男氏は吉野家が豊富だったメニューを「牛丼1本に絞った」という新聞記事を見たのです。吉野家の狙いは、単品にすれば素早く質の高い料理が提供でき、オペレーションもシンプル、人件費を抑えつつ質の高さを維持できるため、売上・利益が伸びるというものでした。

これにピンときてヤマト運輸は、1976年に商業貨物を一切やめて小口の家庭向け宅配便に特化して事業をリスタートして大成功。今や日本を代表する企業となったのです。

異業種のアイデアを自らの事業に活かす「情報変換力」は、問題解決のツールになります。コツは「異業種の成功事例にあって自社にないものは？」の視点。繰り返しますが目の前の自分の仕事をしっかりこなしつつ、この視点を持つことを習慣づけましょう。

異業種の成功を変換して使うには?

比較

「自分たちにないものは何か」という
視点で異業種の事例をチェック

例えば、「ないもの」を、こんなふうに探そう!
「お客様に提供している付加価値に違いは?」
「この業界とは違う販路でうまくいっているのではないか?」
「製造方法や企画手法に相違点はないだろうか…」

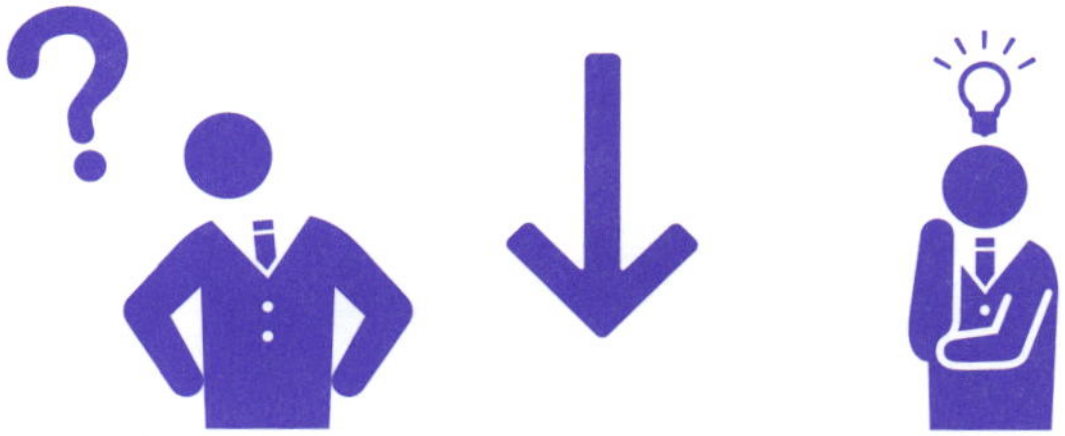

「あそこにあって、うちにはないものは何か?」。相違点を探すために不可欠なのは、異業種の成功事例を学ぶことと同時に、「自社や自分がいる業界の現実」をしっかりと把握しておくこと

5-08

抽象度をあげることで共通ニーズが見える

情報変換力を駆使しよう②

▼「もっと抽象化すると?」を考える

問題解決につながる情報変換力を磨くとき、「**抽象度をあげてものを見る**」のも手です。いま人気のステーキ店とネットの動画配信サイトがあったとして、両者を並べてみるとします。ジャンルも違う両者ですが、例えばステーキ店が人気の理由が「立ち食いで安く質の高い料理をすぐに食べられる」で、動画配信サイトが人気の理由は「質の高い映画やドラマが自分の好きな時間にリーズナブルに観られる」だったとします。これを抽象的にかみくだくと、ステーキ店は「質の高い味を素早く楽しめる」ことだと言えます。一方の動画配信サイトも、「質の高いコンテンツが素早く楽しめる」こととなります。

両者が満たすニーズは近く、「安いけど質の高い、スピード感のあるモノやコト」となります。ひいては「時間とお金をできるだけかけたくない」というニーズが透けてみえ、**抽象度をあげることで世の中のニーズが浮き彫りになる**わけです。同時に違うジャンルと自分の仕事との類似点も見えやすくなる、つまり情報変換のカギが見えてくるのです。

抽象化して見ると、遠い何かもヒントになる

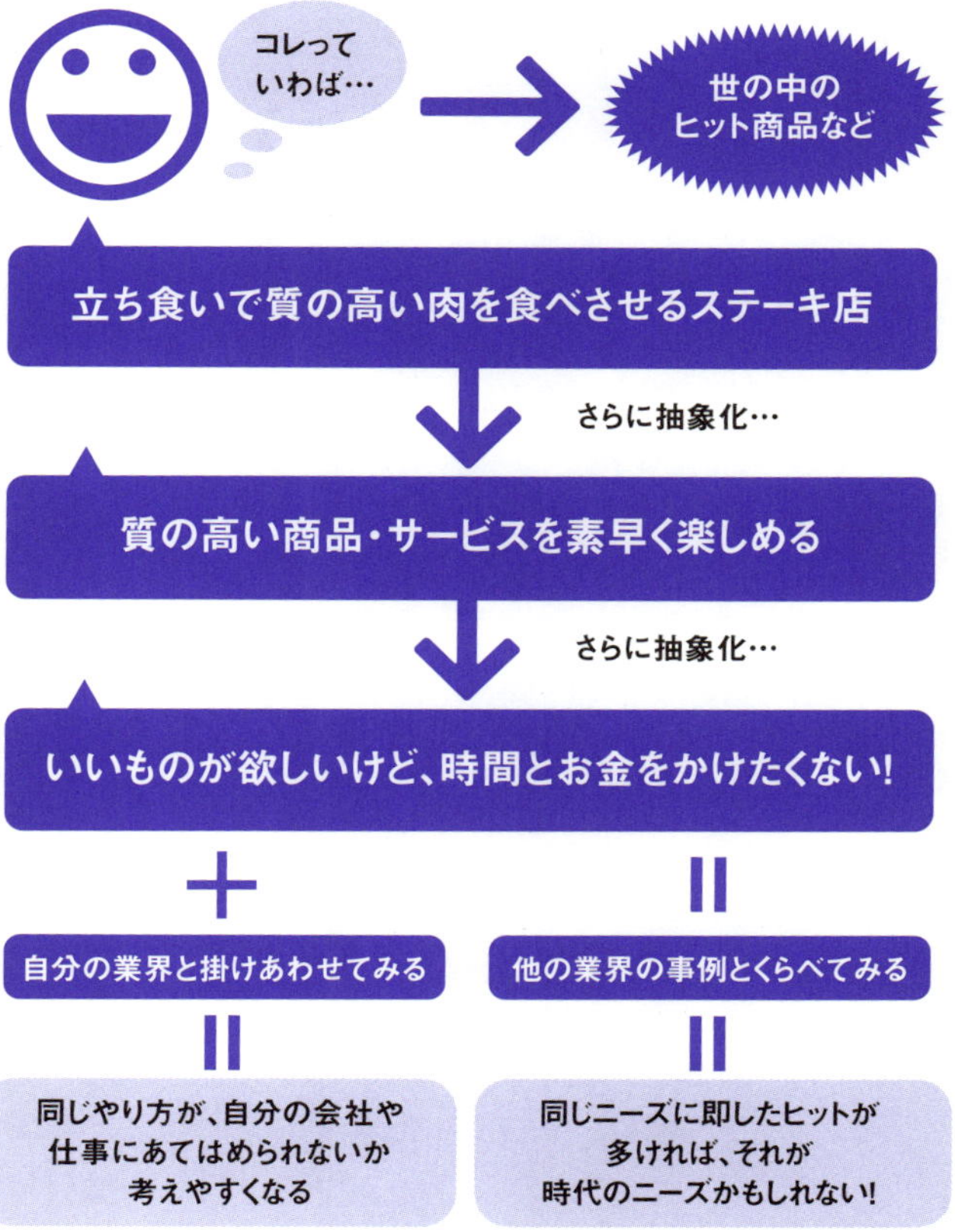

5-09

インターネットとの向き合い方

できるなら一次情報に触れる

「外に出る」ことの意義とは？

世界中の情報にアクセスできるインターネットは、情報収集には不可欠な存在です。ただ裏を返せば、「誰しも平等に同じ情報に触れられるようになった」ということになります。そのため、かつてより「ただ知っている」ことにアドバンテージはないわけです。

一方で、だからこそ**価値が高まっているのが「実際の経験」**です。例えば「ベビーメタルというアイドルが海外でも人気」というのは、ネットを介して知る人は多いでしょう。しかしベビーメタルのライブを体験したビジネスマンは、ファンや関係者以外ではぐっと減ります。**一次情報を知る人は、肌感覚で情報が語れ、ネットなどでは見えてこない〝場の空気〟も感じ取れています。**インスピレーションが刺激されると共に「実際どうだった？」と多くの人が聞く耳も持ってくれます。その差は大きく、会議の席でそれらの人気ぶりを例に語るとき、企画書などにまぎれこませるとき、臨場感と熱量が加わって、説得力が生まれます。つまり圧倒的なアドバンテージになるのです。

インターネットで知った情報は「経験」につなげる！

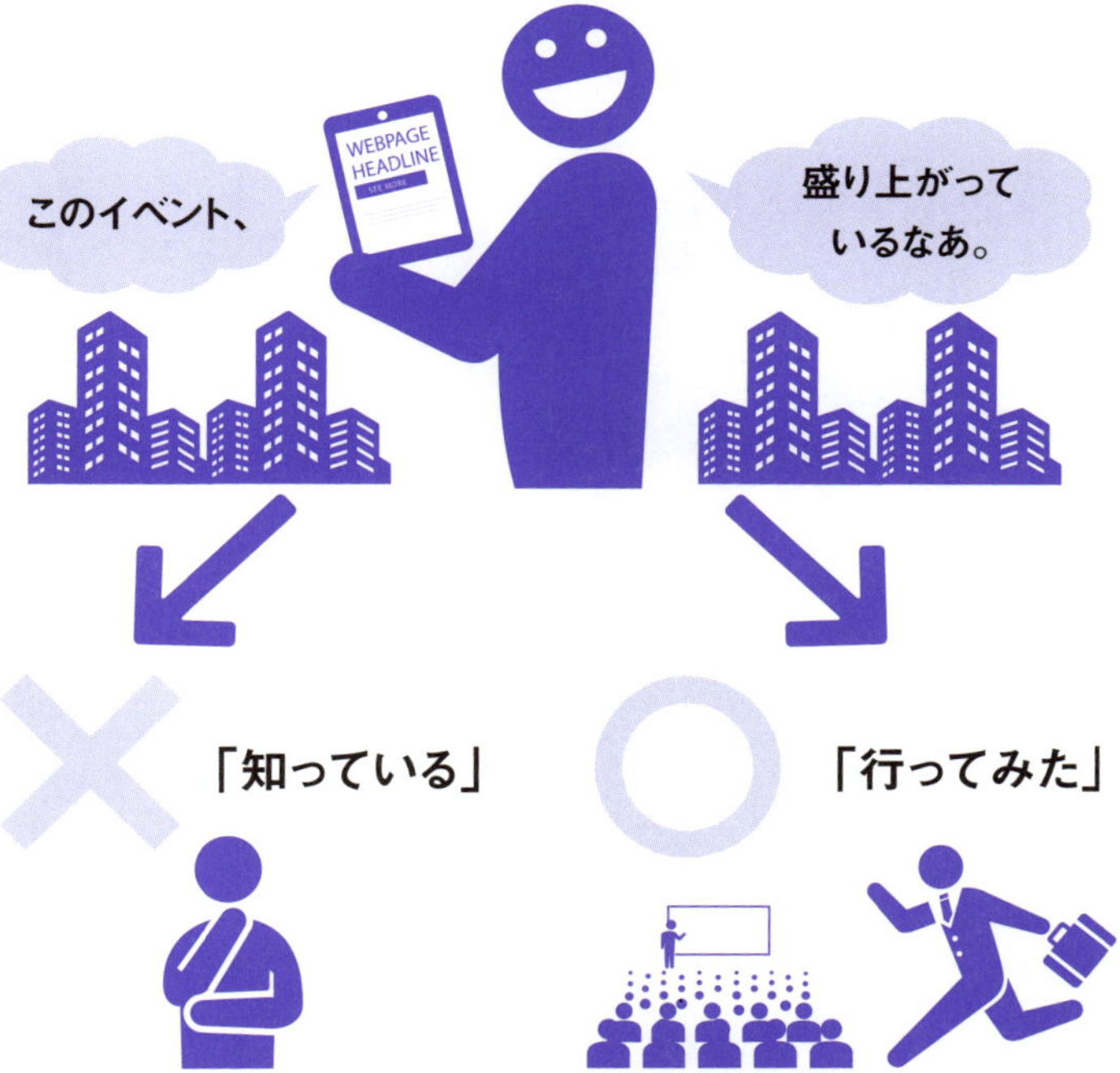

「おもしろいよね」だけでは得るものはゼロ。情報は使えるようになってこそ意味がある

ネットは情報を得る入り口。実際の行動を変えてこそ、ビジネスに活きる発想は根付く

経営学者として知られるP.F.ドラッカーは、イノベーションのきっかけを得るには「外に出て、見て、問い、聞かなければならない」と言っている。ネットで知ったつもりになるだけではなく、ネットで興味を得たなら、体験してみる

5-10 困ったときに頼れる人脈をつくるには？

新人の頃は「ギブ・アンド・ギブ」で

▼まずはいつでも自分から

「この分野なら彼に聞けばわかる」「この手の案件はBさんがくわしいので相談しよう」そんな頼れる人脈を持つ人は、より優れた成果をあげられるものです。

ただし、こうした良き人脈は、簡単にできるものではありません。どうすればできるか？ズバリ、**あなた自身が「相手が困ったときに、何かしてあげられる人間」になること**です。当たり前ですが、あなたが人脈として築きたい人と、誰かが人脈として築きたい人はほぼ同じです。「困ったときだけ頼りにくる」「いざとなったらあいつに任せてしまえ」などというタイプは親しくなりたくありません。逆に「いざとなったときに頼りになる」「困りごとがあったらいつでも聞いてくれる」、そんな人こそ信頼が置けて、ぜひ親しくなりたいし、「お返しに何か力になりたい」と感じるものだからです。人脈とは「何かをしてくれる人」の総称ではありません。むしろ、これと真逆。**人脈とは「自分が何かをしてあげられる人」の総称**です。そうした関係がいざという時に大きな力となってくれます。

良き人脈の作り方

頼れる人を目指して、とにかく与える!

与え続けると、むしろ与えられる側になる。その原理は心理学で言う「返報性の法則」というものが関わると言われている。人は何かを施されると「何だか悪い」という罪悪感が芽生え、そのうち「お返ししたい」と思いはじめる

5-11

気になったモノがあったらスマホで撮影

メモ感覚で発想力UPの教材づくり

▼「何か気になる」には「何かある」

読者の方の世代なら、インスタグラムやフェイスブックなどのSNSで、日常的に自分が撮った写真をアップロードして情報発信や交流をしている人も多いと思います。

こうしたスマホで写真を撮る行為も、発想力を鍛えることになります。例えば、休日に街を歩いているときに気になった店を撮るのです。こうして撮った画像を後で見返すと「このショーウインドウはお客さんのことを考えてないな。僕ならこうするのに……」など、自由に深掘りする思考実験の材料になります。答えが見えない状況で、しかし**気になるモノとして、あいまいなメモをしたからこそ、後であなたが考える「余白」ができます**。「いつ役立つか」「何に役立つか」を考え過ぎると、自然と隔たった情報だけの偏った思考になります。「おや?」と気になったら撮る。そんな遊び感覚が思考の幅を広げ、結果、会議やプレゼンでの発言が、ひとあじ変わってくるのです。

写真に限らず、**記録することでワーキングメモリを空けておくことができます**。

気になった「何か」は画像メモで記録する

気になる何かをみかけたら、ひとまずスマホで撮影しておく。理由づけや分析を意識すると億劫になって撮影する機会が減る。間口は広く!

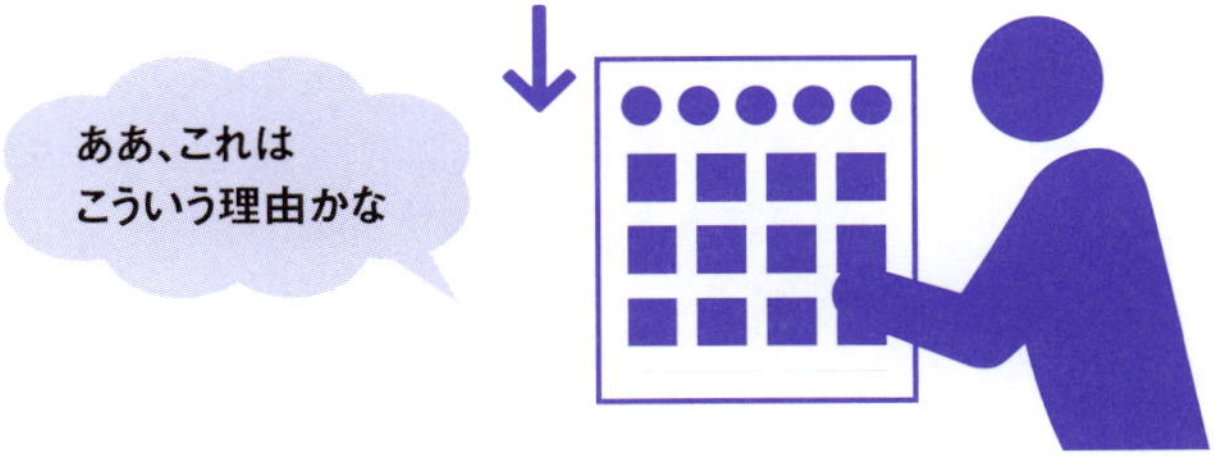

ちょっとした時間や、思い出したとき、画像ファイルを見返すと、なぜ自分がその対象を気になったのか、理由や狙い、改善点が見えてくる。自然と発想力が磨かれる

コラム

1年目のうちに、読んでおきたい本

モチベーションを高め、着想のヒントにもなる読書。

社会人１年目のうちに良書に出会っておくことは、必ず将来の糧になるでしょう。お勧めは、「名経営者」と呼ばれた人々の自伝や名言集です。熱いエピソードとともに、普遍的な仕事の楽しさやダイナミズムに触れられ、大いに刺激を受けるはずです。

【オススメの本】

・『小倉昌男　経営学』（小倉昌男／日経ＢＰ社）
宅急便の生みの親であるヤマト運輸、伝説の経営者の軌跡。ビジネスがいかに「時流を読み」、「決断すること」が大事かが分かります。

・『道をひらく』（松下幸之助／ＰＨＰ研究所）
パナソニック創業者の経営哲学について書かれた、経営のバイブル的名著。奥深い「人を知る」ための言葉にあふれています。

・『スティーブ・ジョブズⅠ、Ⅱ』（ウォルター・アイザックソン著・井口耕二訳／講談社）
アップル帝国を創った男の生き様を本人はもちろん周辺への綿密な取材によって解き明かした詳伝。イノベーターの真の姿に気持ちがアガります。

第6章

押さえておくべきビジネスマナー

6-01

美しいお辞儀とは？

まずは15度、30度、45度の法則から

▼言葉を発してからお辞儀をする

社会人の一日はお辞儀に始まりお辞儀に終わる……。それほどお辞儀をするシーンが増えるので、まずは「お辞儀の種類」と「美しく見えるお辞儀のコツ」を覚えましょう。

お辞儀の種類は、腰を15度の角度に曲げる「会釈」、30度に曲げる「敬礼」、45度に曲げる「最敬礼」の三つがあります。会釈は上司やお客様とすれ違ったときなどに親しみを込めて行うあいさつ。近所の方とすれ違う時にするあいさつも同じです。敬礼はお客様を迎えたり、送ったりするときに行う一般的なお辞儀。子供の頃にやった「起立、礼」の礼の角度です。最敬礼は、お礼や謝罪のときに使う、最も丁寧なお辞儀です。

いずれの場合も、**美しくお辞儀をするためには、まず、足先をこぶし大に開いて体を安定させます**。次に「いらっしゃいませ」とか「お世話になっております」など言葉を発し、言い終えたらお辞儀をします。**背筋をまっすぐのばして顎をひいた状態を保ったまま、ゆっくりとお辞儀すると美しく見えます**。

ゆっくりとした動作で気品を保つ

お辞儀をするときの手の位置

接客業では体の前で右手と左手を重ねるが、一般には、体の真横につける。女性はお辞儀をしながら、手の位置を真横から前にずらすと優雅に見える

接客業は前で組む
手は真横
こぶし大

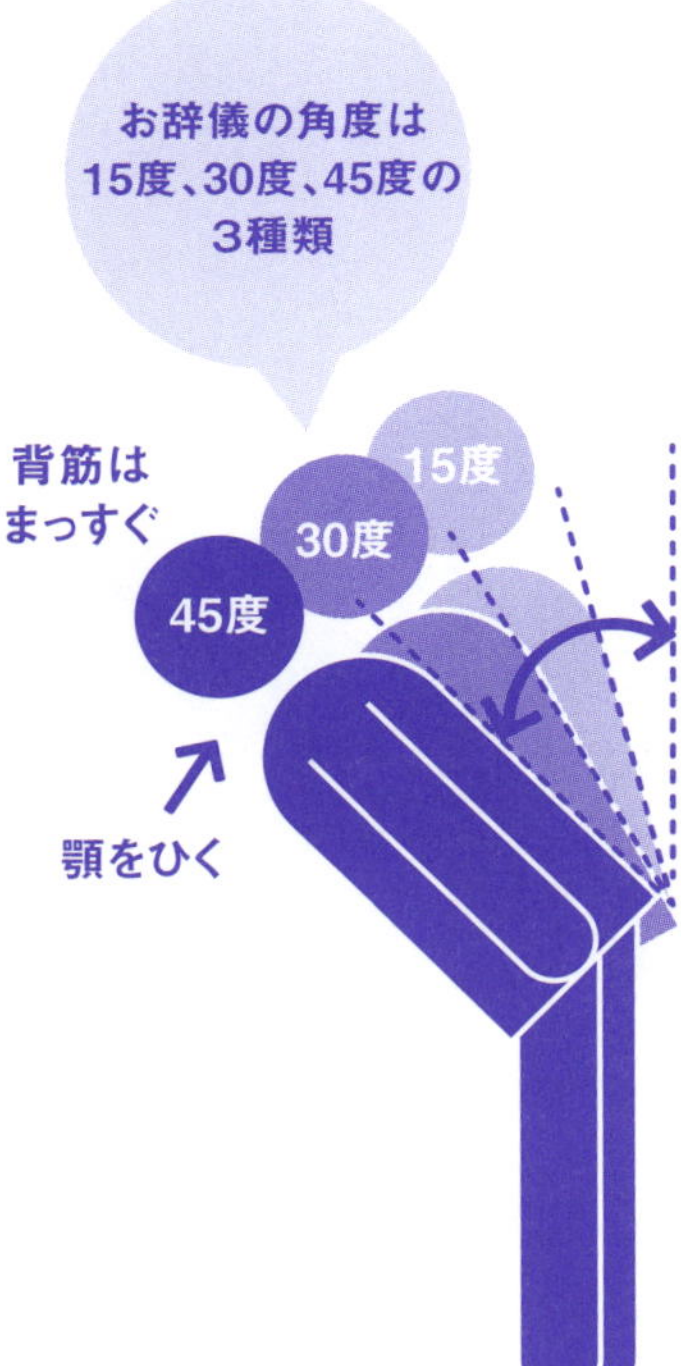

お辞儀の角度は15度、30度、45度の3種類
背筋はまっすぐ
15度
30度
45度
顎をひく

お辞儀をする時に気をつけたいのはスピードと回数。短いお辞儀を何度もすれば卑屈にみえる。もったいぶったようにゆっくりと一回だけお辞儀をすると優雅に見える

6-02

人はやっぱり見た目が大事

もう一度会いたいと思われる身だしなみ

▼ポイントは清潔感

社会人は第一印象が非常に大切です。「なんだかだらしがない」「不潔そうだ」……。こんなイメージを持った人から、わざわざ何かを買ったり、頼んだりする気にはならないでしょう。そうならないために、常に身だしなみに気を配る必要があるわけです。

それでは好印象を与える身だしなみとは、どのようなものなのでしょうか？　それは**清潔感を心がける**ことです。例えば、スーツやワイシャツならアイロンがちゃんとかかっているか、シワなどないか、シミはついていないか。髪型なら、ボサボサに伸びていないか、寝癖はついていないか、ヘアカラーは派手すぎないかといったことに気を配ります。決して難しいことではないでしょう。時々、ブランド品に身を固めることが身だしなみだと勘違いしている人がいますが、どんなに高級な服でも、アイロンがかかっていなければ不潔に見えます。また、そもそも**社会に出たばかりの新人が、給与に見合わないような高額品を身に着ければ、常識を疑われるので注意**しましょう。

好印象を与えるにはシンプルさと清潔感

身だしなみチェックポイント	Yes
スーツやシャツにアイロンがかかっているか	○
髪型は清楚か	
化粧やヘアカラーやアクセサリーなどは 仕事や会社の雰囲気にあっているか	
分不相応なブランド品は身に着けていないか	
靴は磨いてあるか？　靴底は減りすぎていないか	
ツメは汚れていないか	
カバンはビジネス向きか	

上司や客が嫌うのは会社の雰囲気にそぐわない華美なファッションや不潔さ。逆に会社の空気を読んだような身だしなみができている人は、仕事ができそうな印象を持たれる

6-03

来客があったときの対応は？

誰のお客様でも丁寧に迎える

▼来客への対応を担当者に確認する

オフィスで来客に気づいたら、まず「いらっしゃいませ」と声をかけ、誰を訪ねてきたのか伺いましょう。アポイントの有無、来客の会社名、名前を確認して、担当者に連絡して指示に従います。**アポイントがなくても、大切なお客様である可能性もあります。誰に対しても丁寧な応対を心がけましょう。**

応接室や会議室などに案内する場合は、お客様の少し前を歩いて誘導します。部屋の前についたら、「空室」と札がかかっていても、中で軽い打ち合わせなどしている場合があるので、再確認のために扉をノックします。確認したら、お客様が入りやすいように扉を押さえます。お客様を妨げずに扉を押さえるために、外開きの場合は客を先に入れ、内開きのときには自分が先に入ります。

部屋に入ったら、「こちらにおかけになってお待ちください」とソファや会議テーブルなどの上席（183ページ参照）を勧めます。担当者が揃った段階でお茶を出します。しかし、担当者が電話中などで遅れそうな場合は、全員分のお茶を先に出しておきます。

お客様は個人の客ではなく会社の客

会社にやってくるお客様は、「誰々さんのお客様」ではなく、会社のお客様、つまり自分にとっても大切なお客様だ。来客を見かけたら、必ず席を立ち「いらっしゃいませ」と声をかける

6-04

会社を訪問するときの所作

必ず事前にアポイントを取る

5分前に客先に入るように時間調整する

突然の訪問は失礼にあたります。会社でも個人宅でも、訪問する際は、必ず事前にアポイントを取っておきましょう。**できれば1週間くらいの余裕をもってアポイントを取りたいもの**です。アポをとるとき、日程が決まったら、勘違いを防ぐために、必ず日にちと曜日と時間を復唱します。後から確認のメールを送るのもよいでしょう。

初めての訪問先なら、事前に地図や時刻表などで相手先までの行き方や所要時間を調べ、当日は、15分くらい前には到着することを目安に出発します。**遅刻は厳禁ですが、電車の遅延など、やむをえぬ事情で遅れる場合は、電話でできるだけ速やかにその旨を伝えます。**

思ったよりも早く着くこともありますが、約束の時間よりも早く訪ねることは担当者の時間を奪うことになり失礼にあたります。5分程度前に入るのが理想ですので、それまで会社の前などで時間調整をします。その間、コートを脱いだり、身だしなみをチェックして準備を整え、時間になったら受付に向かいましょう。

失敗しないための訪問日当日のステップ

出発前

地図で訪問先の場所を再度確認。時刻表などで、交通機関の遅れがないかもチェック

15分前に到着

ロビーやビルの前でコートを脱いだり、話す内容を復習したり、アポイント先の担当者の名前を確認したり、訪問時間が来るまでを準備に費やす

5分前

受付に行って、自分の会社名と名前を名乗り、アポイント先の部署名と担当者の名前を言って、とりついでもらう

外出する直前に電話がかかってくるなどはよくあること。また、電車の遅延もよくあるので、面会は余裕をもって出発する

約束の時間になったら自分から話を切り上げる

受付を終えたら、通常、訪問先の担当部署の人が迎えに来て、応接間などに通されます。何も言われなければ入り口に近い下座（183ページ参照）に座るのがマナー。上座を勧められたら遠慮せずにそちらに座ります。カバンなどは足下に置き、担当者を待つ間に必要書類を出しておくなど、商談の準備をしておきます。お茶を出されたら「ありがとうございます」とお礼を言います。

担当者が部屋に入ってきたら、立ち上がってあいさつをします。できればアポ取りの段階で、「面会時間は何時から何時までの30分」などと決めておくことが望ましいのですが、決めていなかった場合は、この時点で、「本日は何時まで大丈夫ですか？」と聞いてみましょう。

約束の終了時間が来たら、訪問した側から話を切り上げるのがマナーです。仮に相手が盛り上がって楽しそうに話していれば、「お時間は、もう少し大丈夫ですか？」と時間延長の提案をするのもひとつの手です。面会が終わったら、「本日はお忙しいところありがとうございました」とお礼を述べて退出します。

見送りについては、応接の出口、部署の入り口など区切りがいいところで、「ここまで結構です」と辞退します。コートなどは、正式には外に出てから身につけますが、「寒いので、こちらでどうぞ」などと言われれば、応接室などで着てもかまいません。

お茶の飲み方

お茶を出されたとき

出してくれた人に、「ありがとうございます」「恐れ入ります」などと礼を言い、軽く会釈する

お茶を飲むタイミング

「どうぞお飲みください」などと言われたら、また、周辺の人が口をつけたら、自分も口をつける

飲み終わったら

使い終わった砂糖やミルクのゴミは、ひとまとめにしておく

面会に行くと、たいてい、お茶などドリンク類を出してくれる。いったいどうやって飲めばいいのだろうか。まずはお茶を出されたとき、飲み終わった後のエチケットを押さえておこう

6-05

お茶は役職が高い人から順番に出す

右側に置くのがルール

▼応接室の席次で順位を知る

新入社員は来客へのお茶出しを頼まれることもあります。粗相があると会社のイメージダウンにつながるのでしっかり覚えておきましょう。まず、人数と全員が揃うタイミングを確認します。応接室までお盆で運ぶときには、湯呑やカップを載せるスペースを空けるために、茶たくや受け皿は重ねます。軽くノックをして、「失礼します」と言って会釈をし、応接室に入ります。サイドテーブルにお盆を置き、受け皿とカップなどのセッティングをして、役職や年齢が上のお客様から順番に配ります。お茶を置く場所は、それぞれの人の右側。書類などがある場合は、邪魔にならないように空いたスペースに置きます。

配る順番がわかるのは、応接室の椅子に席次があるからです。通常、上席は入り口と最も離れた席です。その他、長椅子側、絵画と反対側、窓際など様々な目印がありますが、判断が難しい場合もあるので、折を見て先輩に席次を確認しておきましょう。

配り終えたら、「失礼します」と言ってドアの前で一礼し退室します。

応接室の席次の基本

応接室は出入り口から遠い席が上座になる。事務スペースとの仕切りがない場合は、事務机から遠いほうが上席になる

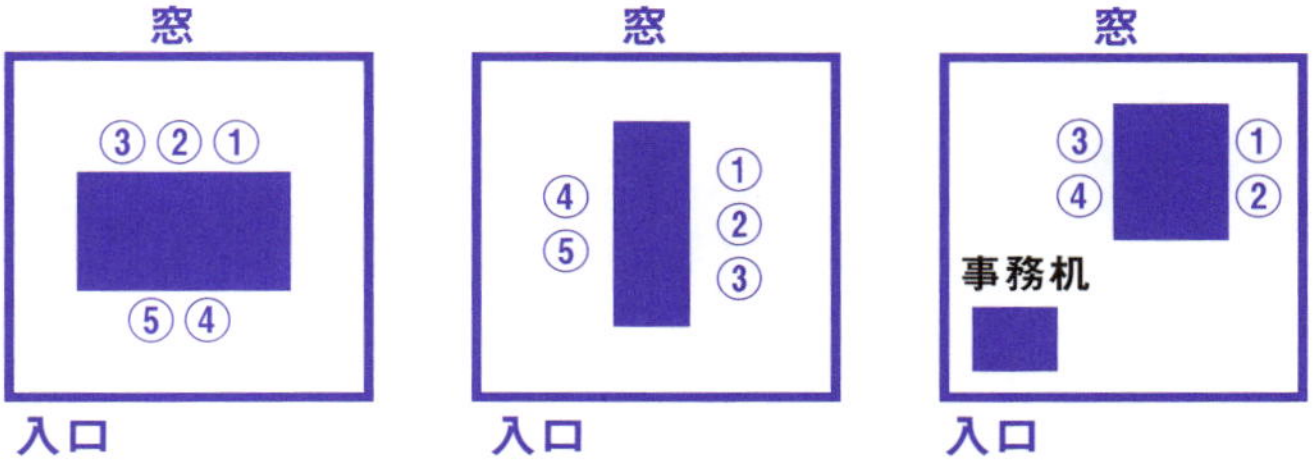

応接室の場合　　仕切りがない応接スペースの場合

お茶は席次の順に配り、各人の右手に置く

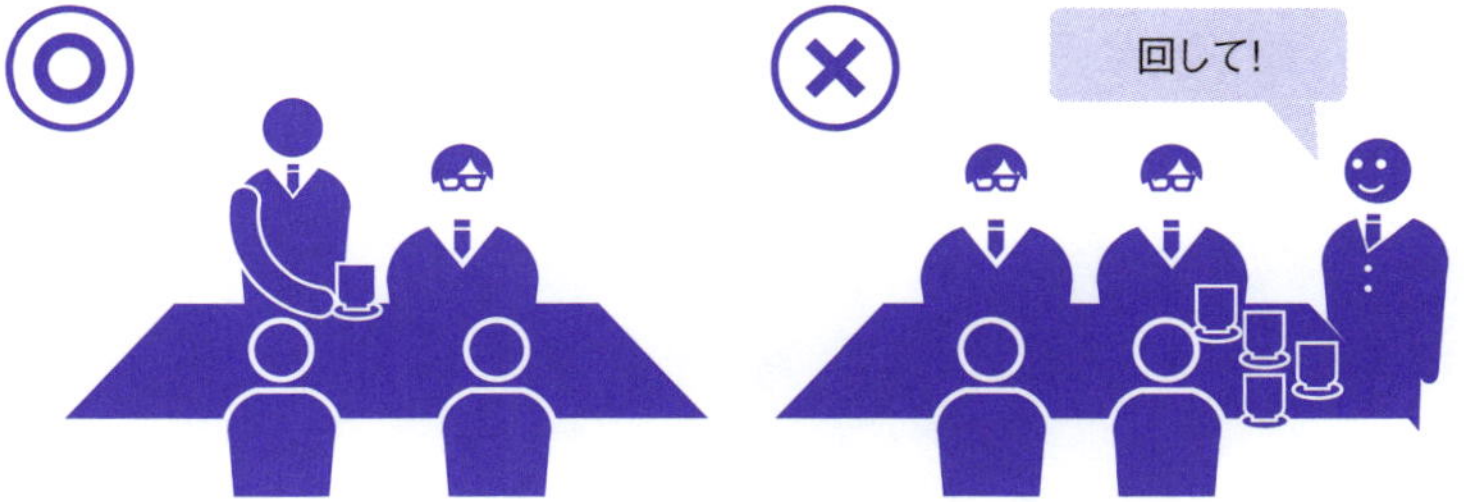

それぞれの人の右に回り、カップなら持ち手が右に、また模様が正面になるように置く

端から順に配ったり、回してもらうのは失礼にあたる

お茶出しだけではなく、来客を案内するとき、他社を訪問したときなど、何かと必要な応接室の席次の知識。基本をしっかり押さえておこう

6-06

乗り物にも席次がある

タクシーとお客様の車では上席が変わる

▼タクシーの手配が必要なときは率先して動こう

外出先などでタクシーを手配する仕事は率先して取り組みます。流しのタクシーを拾う場合は道路際で手をあげます。呼び出す場合は番号を調べて電話をし、到着まで何分くらいかかるのか確認し、長く待つなら上司やお客様には室内などで待っていただきます。

タクシーが来たら、勝手に乗り込んではいけません。タクシーにも席次があるからです。**最も良い「上席」は運転手の後ろの奥**なので、タクシーの扉が開いたら、お客様や上司が奥の席になるように「どうぞ」と先に乗っていただきましょう。ただし、高齢者など奥に乗るのは大変な場合もあるので、降りやすいように最後に乗っていただいたほうがいいのかたずねましょう。「末席」は助手席です。行き先を指示したり、料金を支払ったり、雑務をするには便利な場所なので、新人はここに座ります。

ちなみに上司やお客様が運転している車の上席は助手席になります。勘違いして助手席に座らないように注意しましょう。この場合の末席は、後部座席の真ん中になります。

タクシー、電車、飛行機の席次とは

車の場合 タクシーなど運転手がいる場合の上席は運転手の後ろ。
上司やお客様が運転する場合の上席は助手席

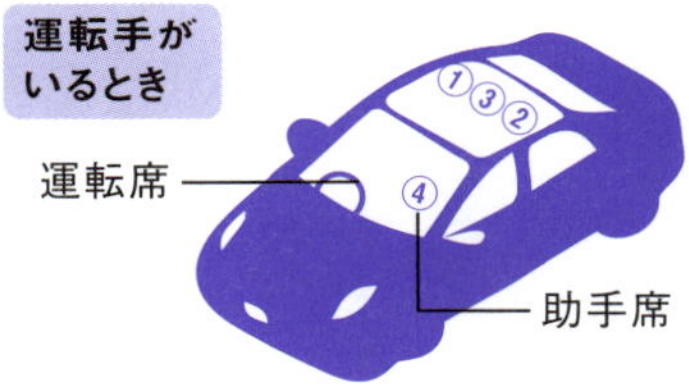

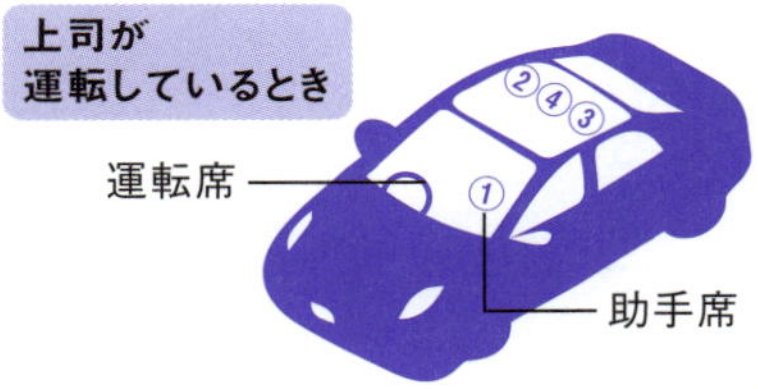

列車の場合 列車では、4人がけでも6人がけでも、進行方向の窓際の席が上席

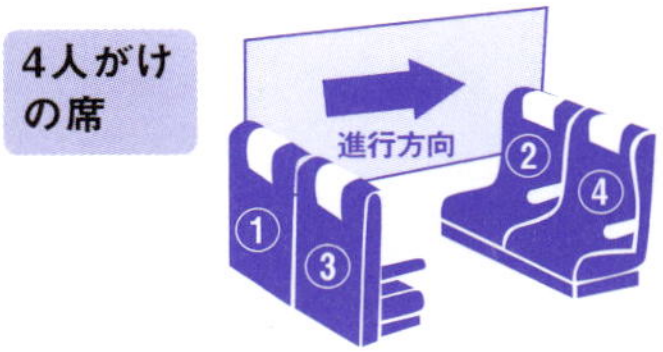

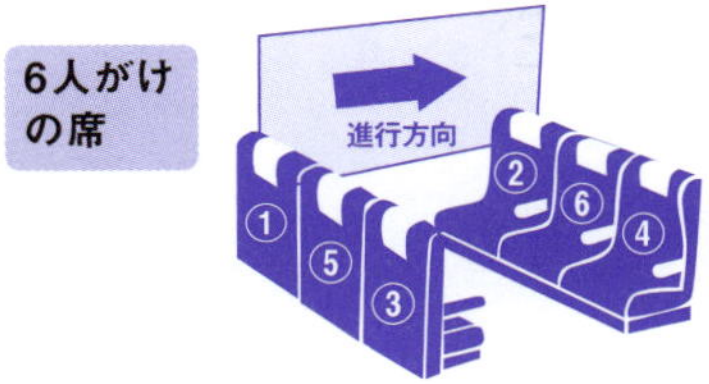

飛行機の場合 窓側が上席。3人がけなら動きにくい真ん中が末席

電車、飛行機など、あらゆる乗り物に席次がある。共通ルールは、上司やお客様に座っていただく上席は窓際。それさえ覚えておけば、大きな間違いはしないですむ

6-07

エレベーターに乗るのは先？ 後？

エレベーターのマナーをマスターしよう

▼上司と乗るときも気を抜かずに

エレベーターにも様々なマナーがあるので覚えておきましょう。

まず、お客様と一緒にエレベーターに乗るときのマナーを左ページにまとめました。エレベーターホールまでお客様を送るときには、新人が率先してエレベーターの呼び出しボタンを押しましょう。エレベーターにお客様が乗ったら、「ありがとうございました」とお礼を言い、エレベーターの扉が閉まるまで敬礼、もしくは最敬礼のお辞儀をします。自分が送られる立場のときには、新人は操作パネルの前に立ち、行き先階ボタンを押し、やはり扉が閉まるまで敬礼か最敬礼のお辞儀をします。

エレベーターホールで上司に会ったら、「お先にどうぞ」と先に乗っていただきましょう。自分は後から乗り、末席の操作パネルの前に立ちます。**親しい同僚と一緒でも、エレベーターの中のおしゃべりは禁物**です。お客様も利用するし、会話の内容によっては情報漏えいにつながります。久しぶりの同僚などと出くわしても、軽い会釈程度にとどめましょう。

お客様と一緒にエレベーターに乗るときのルール

受付まで迎えに行ったり、違うフロアの応接室に案内するなど、お客様と一緒にエレベーターに乗るときは、どんなことに気をつければいいのだろうか?

エレベーターに乗る順番

エレベーター内に誰もいないときは、
扉を開けておくために自分が先

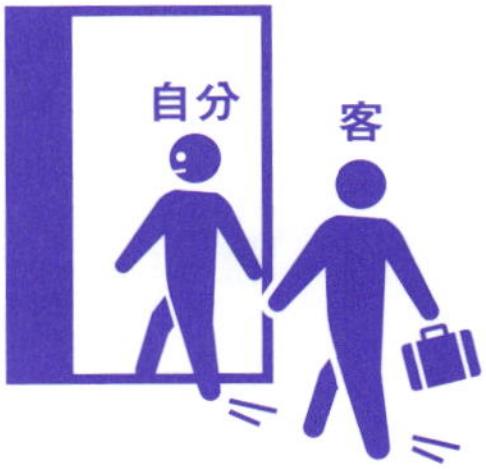

エレベーター内に人がいたときは、
その人が扉を開けているのでお客様が先

エレベーターの席次

末席は操作パネルの前、
上席は操作パネルの後ろ

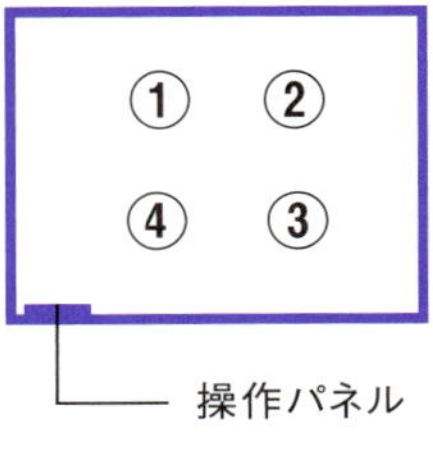

エレベーターを降りる順番

お客様のためにドアを開けておくため、自分が後。ただし狭い場合や混雑時はドア近くの人から速やかに降りる

6-08

名刺交換で実力がわかる

名刺交換の順序をきちんとマスターしよう

▼新人は自分から名刺を渡すのが無難

ビジネスに欠かせない名刺交換。基本をきちんとマスターしましょう。

まず覚えておきたいのは、テーブル越しの名刺交換は失礼にあたるということ。必ず、相手のところにまで行って名刺を交換します。**一対一の場合の基本は目下の人から目上の人、訪問した側から訪問された側に先に名刺を渡します**。いずれにしても、新人は誰よりも目下なので、先に名刺を出して、まず大丈夫です。

名刺交換するときには、両手で名刺を差し出し、「○○と申します。よろしくお願いいたします」と言ってお辞儀をします。名刺を受け取るときには、「頂戴します」と言って両手で名刺を受け取り、名前を確認します。もし、珍しい名前で聞き取れなかったり、読めなかったりした場合は、この段階で、なんと読むのか確認します。

名刺を切らさないように、名刺入れには余分に名刺を入れておきましょう。万一、切れた場合は「あいにく切らしてしまいまして……」と丁寧に謝り、後日、郵送します。

名刺交換の順序

複数の人がいる場合は、どのような順番で名刺交換すればいいのだろうか。また、いただいた名刺は、どうすればいいのだろうか?

名刺交換の順序

複数人いる場合は、地位が高い人から順に名刺交換をする

名刺交換の実際

目下の人から目上の人、訪問した側から訪問された側に先に名刺を渡します。両手で名刺を差し出します。

名刺の置き場所

席に戻ったらテーブルの上に名刺を置く。複数人がいるときには、席順に沿って名刺を並べる。こうすることで、相手の名前を間違えずにすむ

6-09

食事の席で気をつけたいこと

テーブルマナーよりも気づかいを覚えておこう

▼先に着いたら下座で待つ

社会人になるとビジネスランチなど改まった食事の場が増えます。テーブルマナーに自信がないと上司や取引先との食事は気が重いかもしれませんが心配には及びません。マナーを知っているに越したことはありませんが、**会食で重要なのは、細かい作法ではなく話が弾むこと。人に不快感を与えるマナー違反さえしなければOK**です。

例えば、誰かがごちそうしてくれる場合は、他の人と同じくらいの価格帯の食事を選びます。自分が最初に選ばなくてはいけないときには、「お勧めはどれですか？」とたずねるのもいいでしょう。自分の料理が先に来ても、口をつけるのは他の人の料理が来てからです。逆に、自分の料理が遅い場合は、他の人に「どうぞお先に」と先に食べることを勧めます。**マナーよりも、まずは、このような他人に対する気づかいから覚えましょう**。

しかし、「乾杯するまでは正座をしている」「早く着いた人は座布団に座らず下座で待つ」といった座り方のルールは押さえておいたほうがいいかもしれません。

こんな態度が食事のNG

高い料理を選ばない

他の人と価格を揃える。一人だけ安いのを頼むのもNG。他の人と同じ料理を頼むのが無難

露骨に好き嫌いをしない

不味そうな顔の人がいれば、食事会の雰囲気は台無し。嫌いなものは周辺に気づかれぬようそっと残そう

合計額を見ない

スポンサーがレジに向かったら、速やかに店の外に出る。合計額をチェックするのは失礼にあたる

「ごちそうさま」と言う

何も言わずに帰るのは失礼。会計が終わったところで、「ごちそうさまでした」とお礼を言う

知らず知らずにやっているかもしれない失礼な態度。同じミスをくりかえさないように、ありがちなNGの態度をチェックしておこう

コラム

オフタイムに偶然、上司や取引先とあったら……

デート中や友達と一緒のときに上司や取引先の人とばったり……。こんな時はちょっと気まずいものですが、もじもじするのはNG。きちんとあいさつをしましょう。

全くのプライベートの様子なら、同行者も紹介したほうが好感度は上がるでしょうし、取引先らしき人と一緒など仕事がらみの雰囲気を感じたら、軽い会釈で済ませたほうが無難かもしれません。

いずれにしても重要なのは空気を読むことではなく、きちんとあいさつすることです。

最悪なのは、気づかないふりをしたり、見つからないようにこっそり逃げたり隠れたりすることです。社会人の基本である、あいさつができない人間は社会人失格です。もし、そのような態度を見られていれば、あなたに対する評価はガタ落ちです。

逆に上司や取引先の人のデートに出くわすこともあるでしょう。このときの対応も、ふつうにあいさつするのが正解です。そのとき、「奥様ですか？」「お嬢さんですか？」などと余計な詮索はしないことがエチケットです。もちろん、後日、人にいいふらすことも厳禁です。

第7章

入社2年目以降に求められること

7-01

「自分が社長だったら……」を徹底しよう

社内の経営資源を使ってできることを考える

▼そもそも経営者意識を持つってどういうこと？

社会人になると、「経営者意識を身に着けよう」といった言葉を耳にする機会が増えたのではないでしょうか。一般に経営者意識を持つ社員が大勢いる企業は、コスト意識が高い上に、足の引っ張り合いなど経営効率の悪化につながることはしないので企業体質は強くなります。だから経営者意識を身に着けることが奨励されるのです。**経営者意識が身に着く効果的な方法は、常に「自分が社長なら……」と仮定して考えるクセをつけること**です。

もちろん、人間は知らないことは考えられません。まずは、自分の部署など具体的な経営資源を理解している範囲をひとつの会社とみなして考えてみましょう。ちなみに経営資源とは、「ヒト、モノ、カネ」のこと。情報を加えることもあります。

このような自社の経営資源を使ったら何ができそうか。どんな市場に参入できそうか。どんなビジネスモデルを組み立てれば仕事を創出でき、また稼げるのかを検討してみます。このような社長発想の訓練を繰り返すことで、経営者意識は磨かれていきます。

新市場を探す練習をしよう

新市場の発見

新市場を探すヒントは「困った」「不便」の発見にある

- ☑ テレビ、新聞、雑誌などで誰かの「困った」を見つけたとき
- ☑ 仕事をしているときに、不便や非効率を感じたとき
- ☑ 取引先から相談を受けたときなど

使える経営資源

発見した市場を所属部署の経営資源で解決できそうか検証

- ☑ ヒト（所属部門のスタッフ）
- ☑ モノ（所属部門のオフィスや備品など）
- ☑ カネ（所属部門の予算）

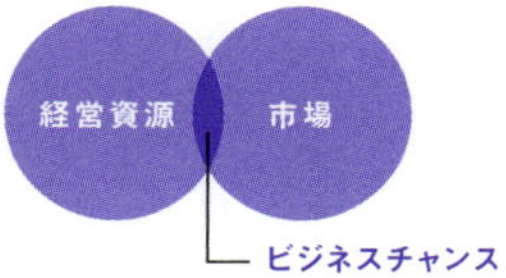

ビジネスモデルの組み立て

どのような仕組みが新しい仕事を創出し、稼げるのかを検証

- ☑ 組み合わせるビジネスモデルを検討
- ☑ どう稼ぐのか検討

どんな市場もいつかは消える。消える前に、新しい市場にスムーズに転換させるのも社長の役目。自分がかかわっている部署や商売からどんな可能性があるのか考えてみよう

7-02

自分の強みを知ろう

見つけた強みをしっかり磨く

▼強みは他人が決めるもの

いうまでもなく、どの仕事もまんべんなくダントツにできるスーパーサラリーマンが理想ですが、普通の人にはそんなことは無理でしょう。それなら、ひとつだけでかまわないので、「この仕事なら○○さん」と言われるような社内でダントツの技を作りたいものです。それは、会計処理でも、接客でも、営業でも何でもかまいません。得意技を持つことによって社内で知名度は上がり、新しい仕事に出会えるチャンスは増えるはずです。

もっとも新人時代は、とにかく仕事の手順や決まりなどを覚えるだけで精一杯。得意技を作るよりも苦手なものを克服するほうが重要です。しかし**2年目以降は、少しずつでかまいませんので、得意な仕事を磨くことを意識してみましょう**。得意な仕事がわからなくても心配ありません。そもそも得意な仕事は自分が決めるものではなく、人が決めるものだからです。例えば「もうできたの？」「丁寧だね！」「そこまでやったの？」など、**ほめられたり驚かれたりした仕事は得意技の候補**。さっそく磨きをかけてみましょう。

まずは磨くべき仕事を探そう!

磨くべき仕事の探し方

上司や取引先にほめられた

人にほめられた仕事は、
磨くべき仕事の有力候補

先輩や上司に聞いてみる

自分に何が向いているのか
人に聞いてみるのもひとつの手

好きな仕事に邁進する

好きなことは努力を継続できるので
花咲く可能性はある

自分で得意だと思っても、他人からはごく普通のレベルにしか見えないことはよくあることだ。自分の好みに固執せず、他人の意見を素直に聞きたい

7-03

部下を持ったときの心構え

相手のレベルに合わせて指導

▼目標は活躍できる人間に育てること

これまで先輩や上司から指導を受けていましたが、いずれは、自分も指導する立場になります。部下を持ったときには、優秀な人はもちろん、できない人でも絶対に活躍できる人間に育てるという強い心構えで臨むことが大切です。

適切な指導をするためには、まず、相手のレベルを正確に把握することが必要です。例えば、通常1年かかる仕事を半年で覚える優秀な部下なら細かい口出しはNG。ある程度、裁量を持たせて仕事をさせたほうがモチベーションもあがるし、様々な改善も加えてくれるはずです。それに対して、仕事を覚えるのに人の何倍もかかる部下の場合は、教えるレベルを下げ、まずは、言われた通りの仕事ができることを目標にします。仕事の途中に、指示した手順を守っているかを確認するためのチェックポイントを複数設けます。

部下の能力によって指導法は違いますが、マニュアルはありません。部下に対してよりステップアップしてほしいと愛情を持って接すれば、最適な指導法が見えてくるのです。

部下のモチベーションアップ

できる部下もいればできない部下もいる。どのような点に気をつけて指導すれば効果的なのだろうか。また、モチベーションをあげる秘訣はあるのだろうか？

できる部下Aくんの場合

基本の仕事

↓ もう覚えちゃった!
早く新しい仕事を
覚えたいなぁ

細かい指示をしない

↓ 仕事の基本的な
手順が頭に入っているので、
いちいち細かい指示をすれば、
逆に非効率になる

効率的な工夫

↓ 自分で工夫を
加えたことが認められた

モチベーションアップ!

できない部下Bくんの場合

基本の仕事

↓ 全然、覚えられない。
難しい。終わらない

細かい指示をする

↓ そもそも手順通り
仕事をすることが
できていないので、
まずは手順に従うことを覚えさせる

人並みに仕事ができた

↓ みんなと同じように
仕事ができた!

モチベーションアップ!

7-04

真のリーダーシップとは何かを知る

リーダーはイノベーター、マネージャーはイミテーター

▼未来のビジョンを語り、人々を魅了するのがリーダー

キャリアプランを描く上で覚えておいてほしいのは、**マネージャーとリーダーは全く違う**ということです。マネージャーの仕事「マネジメント」は分業をうまく機能させるための管理ノウハウです。現状の組織を効率よく運営するために訓練された人と考えてもいいでしょう。ですから組織編成が変われば、しばらく機能不全に陥ることもあります。

一方、リーダーの仕事は「リーダーシップ」を発揮すること。**会社にとって正しい未来はどこかを示して、そこにみんなを誘導していく力**です。二つの仕事を対比してイミテーションとイノベーションと表現した学者もいます。現状を最適化するマネジメントと現状を破壊するリーダーシップは、全く正反対の能力とも言えるでしょう。ですからマネジメント能力をいくら磨いても、リーダーシップは磨かれないわけです。リーダーシップを発揮するためには「人間力」「知識や技術」「行動特性」などが重要だと言われていますが、心理的な要素が強いので、科学的な解明はこれからです。

リーダーシップに関する様々な研究

ウォーレン・ベニスのマネージャーとリーダー
端的で非常にわかりやすい

	マネージャー	リーダー
1	管理する	革新する
2	コピーである	オリジナルである
3	維持する	発展させる
4	システムと構造に焦点を合わせる	人間に焦点を合わせる
5	管理に頼る	信頼を呼び起こす
6	目先のことしか考えない	長期的な視野を持つ
7	「いつ、どのように」に注目	「何を、なぜ?」に注目する
8	数字を追いかける	未来を見据える
9	模倣する	創造する
10	現状を受け入れる	現状に挑戦する
11	優秀な軍人である	その人自身である
12	正しく処理する	正しいことをする

かつては、リーダーシップは持って生まれたものと考えられていた時代もあった。ウォーレン・ベニス、ドラッカー、ジョン・コッターなど様々な専門家が研究した

7-05

長時間労働は恥と知る

仕事が増えたら抱え込まずに人に渡す

▼意外に多い不要な業務

出世すればするほど仕事の量は増えますが、その分、帰るのは遅くなるのでしょうか？　そんなことはありません。出世すれば取引先などとの付き合いも多くなるので、仕事が多い人ほど早く帰るといっても間違いではないでしょう。

それでは、どのように多くの仕事をこなしているのでしょうか。それは一人で抱え込まないことです。必要に応じて部下や違う部署に仕事を回していくわけです。**自分の手を空けることによって、さらに多くの仕事を受けられるという好循環を会社に対して作り出します**。ですから、こうした人はますます出世できるわけです。

一方で、それほど仕事量が多くないにも関わらず、いつも忙しそうにしている人がいます。そうした人の共通点は、「他人のスケジュールに合わせすぎて時間がなくなる」「仕事を一人で抱え込む」「必要以上に質にこだわる」などです。もし当てはまることがあったら、今のうちに改めておきましょう。

長時間労働が常態化するにはワケがある

抱え込みタイプ

仕事が
たくさんあって大変だ!
人に任せちゃえば
いいのに

仕事を抱え込み、ブラックボックス化させる

スケジュール調整失敗タイプ

細切れ時間ばかりで
何もできない!
スケジュール帳に
『自分』とのアポを
入れとけばいいのに

空白時間を100%相手に教える

高品質タイプ

やっぱり100点の
出来にこだわりたい
この仕事は
80点程度で
いいのに……

ひとつの仕事に必要以上に時間をかける

伝統仕事タイプ

70年続いた資料だ。
手を抜くわけには
いかない
社内データベースが
あるのに、
その仕事いるのかな?

仕事の必要性を検討しないまま引き継がれていく

忙しい忙しいといつも残業している人たちには共通点があった。いずれも、ついやってしまいそうなことばかりだ。クセになる前に、ここで一気に直したい

7-06

自分のレベルを知る

ワンランク上の環境を体験する

▼3000円より3万円のセミナーに出席？

　将来、自分はどんなレベルの人間になり、どんな人たちと付き合いたいのか。それを疑似体験してみることはモチベーションアップに有効です。三ツ星の高級レストラン、飛行機や新幹線のファーストクラス、豪華客船、高級リゾートホテルなど、疑似体験できる場所はたくさんあります。大枚はたいて参加する価値は十分にあります。

　セミナーや異業種交流会、朝会などを頻繁に利用する人は、**ワンランク、あるいはツーランク上の会に参加するのもいい**でしょう。通常3000円のセミナーに出ている人は、同じ講師の3万円のセミナーに行ってみるという具合です。一般に料金が高くなれば定員数は少なくなり、講師や他の参加者と話す機会も多くなります。参加者は大企業の役職者、中堅企業の経営者など、明らかに3000円のセミナーのメンバーとは違います。その差を埋めることをひとつの目標にしてもいいでしょう。このように**思い切って、目指す環境に身を置いてみると、より鮮明な未来が見えてきます**。

ワンランク上の人脈を疑似体験

豪華客船

パーティー会場でいろんな国の人たちが談笑している。やっぱり語学は必要かぁ

高級レストラン

ソムリエと一緒にワインリストを真剣に眺めている。ワインに詳しいんだろうなぁ

高額セミナー

講師と参加者がアカデミックな議論で盛り上がってる。レベルが高い

飛行機のファーストクラス

結構、高齢の方なのにパソコンを叩いて仕事をしてる。作家さんかな?

豪華客船から高級セミナーまで、ワンランクもツーランクも上の環境を疑似体験することで、一流・上流の雰囲気がわかる。時には良質な人脈ができることも?

コラム

自分のものさしを確立する

入社してから今までずっと横並びで一緒に歩いてきた同期たちですが、入社して数年たてば、進路がだんだん分かれていきます。

ほんのちょっと出世した人、かねてからの希望の部署に異動した人、海外勤務になった人、転職した人、そろそろライバル会社に引き抜かれる人も出てくるかもしれません。新しい環境に移っていく仲間たちは、心なしか生き生きと見えます。

それに対して、あいかわらず入社した当時と同じ部署にいるとなんだか取り残された気持ちになるかもしれません。

しかし、「妬み」や「焦り」は禁物です。そうした感情は人の判断を狂わせるからです。妬みが強まれば、思わず人の足を引っ張るといった取り返しがつかない行為に結び付くかもしれません。焦りが強ければ、あわてた転職活動で今の会社よりも何ランクも落ちる不本意な会社に入る可能性もあります。いいことは一つもありません。

他人をうらやむひまがあったら、まずは、目の前の仕事をきちんとやり実力をつける努力をしましょう。実力がつけば自信が出るし、やりたい仕事も見えてくるので悩みは消えているはずです。

エピローグ

転んでも、まだ許される時――。

入社1年目の頃をひとことでいえば、そうなると思います。力が足りず、結果も出せていない駆け出しの頃。だから周りは大めに見てくれます。まだ小さな仕事しか任されないので、多少の失敗も損失はしれていて、フォローしやすいという理由もあります。

だからこそ、今、たくさん失敗をしておいたほうがいいのです。

おもいっきりトライして、どんどん間違い、たくさん転ぶのです。

すると自然に体が「受け身」を覚えていきます。うまく転び、どうすれば自分や周囲にダメージを与えずに済むのか。今、あなたはそれを学ぶ時です。

本書は、社会人1年目のあなたに身に着けてほしいビジネスマナーや考え方、思考法や具体的なスキルなどを網羅して伝えてきました。今いる会社のみならず、どこに行っても持ち出せる、ポータブルスキルとなるような内容にしてきたつもりです。

もっとも、大切なのは読んで覚えるだけではなく「自ら実践する」ことです。

本書で書かれた内容を、あなたの会社で、実際に試してみてください。ときに、思った結果が出ないこともあるかもしれません。それはむしろラッキーです。あなたのいる場所に適したやり方を覚えるチャンスだからです。

そして受け身を重ねていくのです。

子どもの頃、はじめて補助輪をはずした自転車に乗ったことを覚えていますか？

親御さんや近所のお兄さん、お姉さんなりに転ばないよう自転車の後ろをつかんでもらいながら、フラフラしながらペダルを漕いだ、という方が多いのではないでしょうか。

最初は恐る恐る。しかし、次第に大胆になって、何度か転んだ。けれど後ろを支えていた手が気付かずに離れていて、自分の足でどこまでも、いつまでも走っていた――。

私たちが目指したのは、そんな自転車を支える〝手〟になることでした。

本書を読み終えたあなたは、これから何度か転びつつ、しかし、どんどん自分でペダルを漕げるようになっていくことでしょう。それが成長と成果に繋がる。気がつけば、独り立ちしたプロフェッショナルの道を、自らの足で切り開いているのです。

そのお手伝いができたなら、それ以上の幸せはありません。

俣野成敏

For the future

索引

参考文献一覧

俣野成敏　著『「リストラ予備軍」から「最年少役員」に這い上がった男の仕事術　プロフェッショナルサラリーマン』プレジデント社、２０１１年
俣野成敏　著『入社3年目までに知っておきたい　プロフェッショナルの教科書』ＰＨＰ研究所、２０１３年
俣野成敏　著『残業しないのに給料が上がる人がやめた33のコト』ＫＡＤＯＫＡＷＡ、２０１５年
俣野成敏　著『一流の人は上手にパクる』祥伝社、２０１５年
小川晋平、俣野成敏　著『一流の人はなぜそこまで、雑談にこだわるのか？』クロスメディア・パブリッシング、２０１５年
俣野成敏、中村将人　著『トップ1％の人だけが知っている「お金の真実」』日本経済新聞出版社、２０１５年
俣野成敏　著『会社を辞めて後悔しない39の質問』青春出版社、２０１６年
清和会出版　著『２０１６年度版　社員ハンドブック』清和会出版、２０１６年
現代ビジネスマナー研究会 著『図解で完璧！ ビジネスマナー 羞をかかないための心得』グラフ社、２００８年

●監修

保野成敏（またの・なるとし）

1993年、東証一部上場メーカーのシチズン時計(株)入社。33歳でグループ約130社の現役最年少役員へと抜擢され、さらに40歳で本社召還、史上最年少の上級顧問に就任する。この体験を元にした『プロフェッショナルサラリーマン』(プレジデント社)がシリーズ10万部超のベストセラーに。2012年、独立。『一流の人はなぜそこまで◯◯にこだわるのか?』シリーズ(クロスメディア・パブリッシング)ほか、著作累計は28万部を超える。現在は複数の事業経営や投資活動の傍ら、私塾『プロ研』を創設。「お金·時間·場所」に自由なプロフェッショナルサラリーマンの育成にも力を注いでいる。

●著者

カデナクリエイト

ビジネス全般、働き方、ライフスタイルなどを得意とする編集プロダクション。現在『週刊東洋経済』(東洋経済新報社)、『月刊BIGtomorrow』(青春出版社)、『THE21』(PHP研究所)、『DiscoverJapan』(エイ出版社)などで執筆中。著書に『「イベント」で繁盛店!』(同文館出版)、『図解&事例で学ぶビジネスモデルの教科書』『図解&事例で学ぶイノベーションの教科書』(共にマイナビ出版)など。

図解&事例で学ぶ 入社1年目の教科書

2016年 4 月30日　初版第1刷発行
2020年11月20日　初版第2刷発行

監　修　保野成敏
著　者　カデナクリエイト
発行者　滝口直樹
発行所　株式会社マイナビ出版
〒101-0003 東京都千代田区一ツ橋2-6-3 一ツ橋ビル2F
TEL 0480-38-6872（注文専用ダイヤル）
TEL 03-3556-2731（販売部）
TEL 03-3556-2733（編集部）
Email：pc-books@mynavi.jp
URL：http://book.mynavi.jp

装丁　ISSHIKI
本文デザイン&DTP　ISSHIKI
印刷・製本　図書印刷株式会社

ISBN978-4-8399-5652-3
Printed in Japan

さっと読んで、さっとわかって、さっと実践できる!

『図解&事例で学ぶ』シリーズで、
ビジネス力を完璧にしよう!

電子版も
発売中

『図解&事例で学ぶ 売れる「営業」の教科書』

監修/花田 敬
著/チーム★売上アップ研究会
定価:本体1,380円+税　ISBN978-4-8399-5760-5

『図解&事例で学ぶ ビジネスモデルの教科書』
監修/池本正純
著/カデナクリエイト
定価:本体1,280円+税
ISBN978-4-8399-4836-8

『図解&事例で学ぶ イノベーションの教科書』
監修/池本正純
著/カデナクリエイト
定価:本体1,480円+税
ISBN978-4-8399-5443-7

『図解&事例で学ぶ 課長・部長マネジメントの教科書』
監修/野田 稔
著/シェルパ
定価:本体1,280円+税
ISBN978-4-8399-5441-3

『図解&事例で学ぶ 書類&資料作りの教科書』
著/尾上雅典
定価:本体1,380円+税
ISBN978-4-8399-5644-8

『図解&事例で学ぶ マーケティングの教科書』
監修/酒井光雄
著/シェルパ
定価:本体1,280円+税
ISBN978-4-8399-5440-6

『図解&事例で学ぶ ビジネス統計の教科書』
著/倉橋一成
定価:本体1,380円+税
ISBN978-4-8399-5442-0

『図解&事例で学ぶ Webマーケティングの教科書』
監修/ショーケース・ティービー
定価:本体1,580円+税
ISBN978-4-8399-5509-0

『図解&事例で学ぶ PDCAの教科書』
著/川原慎也
定価:本体1,380円+税
ISBN978-4-8399-5651-6